Note de l'Auteur

Les mille cartes mentales sont toutes tirées de la vie courante dans des situations ordinaires. Elles sont basées sur la succession de dessins de mémorisation avec textes en français et en portugais.

La méthode permet la mémorisation des textes du français vers le portugais ou du portugais vers le français en portant en mémoire la vignette de dessin suggestive avec chaque situation simultanément. Par le jeu de la répétition et de l'attention focalisée sur tous les dessins ou scénario de l'image, l'apprentissage du français ou du portugais peut se mettre en place facilement.

Jean-Louis PENIN, écrivain, a déjà écrit de nombreux livres principalement sur le coaching, qu'il a édité en six langues. Il est donc confronté à la traduction de textes polyglottes.

Il réalise ici un vieux rêve qu'il a appelé il y a près de 40 ans, la méthode MIMPSI, méthode de cartes de mémoire comprenant des phrases dans leur contexte et permettant de réaliser l'apprentissage des langues.

A l'origine, la méthode MIMPSI devait être une méthode à moteur d'inférence permettant d'apprendre une langue dans les variations de son contexte comme l'apprentissage dans la langue maternelle. Chaque fois que le contexte de la carte change, l'émotion est fixée définitivement et permet de se réapproprier les phrases dans la langue apprise. C'est un peu ce que l'on arrive à faire avec ce jeu de cartes mémoires. Édition en 11 langues à partir du français et de l'anglais. Anglais, allemand, italien, espagnol, portugais, croate, néerlandais, russe, chinois japonais, thaï.

Recomendação do autor

Os mil mapas mentais são todos desenhados a partir da vida cotidiana em situações comuns. Baseiam-se numa sucessão de desenhos de memorização com textos em francês e português.

O método permite a memorização de textos de francês para português, ou do português para o francês na memória a sugestiva miniatura do desenho com cada situação simultaneamente. Através do jogo de repetição e atenção focada em todos os desenhos ou cenários da imagem, aprender Francês ou Português pode ser facilmente implementado.

Jean-Louis PENIN, escritor, já escreveu muitos livros, principalmente sobre coaching, que publicou em seis línguas. Vê-se, portanto, confrontado com a tradução de textos poliglotas.

Aqui ele realiza um sonho antigo que ele chamou há quase 40 anos, o método MIMPSI, um método de cartões de memória que inclui frases em seu contexto e permite que a aprendizagem de línguas seja realizada.

Originalmente, o método MIMPSI foi concebido para ser um método motor de inferência que permite que uma língua seja aprendida em variações do seu contexto, como a aprendizagem na língua materna. Cada vez que o contexto do cartão muda, a emoção é fixada definitivamente e permite que as frases sejam reapropriadas na língua aprendida. É mais ou menos isso que conseguimos fazer com este jogo de flashcard. Edição em 11 idiomas do francês e do inglês. Inglês, Alemão, Italiano, Espanhol, Português, Croata, Holandês, Russo, Chinês, Japonês, Tailandês.

CARTES MENTALES EXPRESSIONS IDIOMATIQUES FRANÇAIS – PORTUGAIS

MAPAS MENTAIS IDIOMAS FRANCÊS – PORTUGUÊS

CARTES MENTALES
EXPRESSIONS IDIOMATIQUES
FRANÇAIS – PORTUGAIS

MODE D'EMPLOI

Les cartes mentales sont toutes tirées de la vie courante dans des situations ordinaires.
Elles sont basées sur la succession de dessins de mémorisation, avec textes en français et en portugais.
La méthode permet la mémorisation des textes de français vers le portugais ou du portugais vers le français en portant en mémoire la vignette de dessin suggestive avec chaque situation simultanément.
Par le jeu de la répétition et de l'attention focalisée sur tous les dessins ou scénario de l'image, l'apprentissage du français ou du portugais peut se mettre en place facilement.
La répétition de la lecture des textes français et portugais en situation doit se faire selon la technique de la boîte de Leitner et la méthode des J, c'est-à-dire une répétition tous les 1, 3, 7, 14 et 30 jours. Pour cela, il suffit de découper chaque carte en 4 avec une paire de ciseaux et les glisser dans la boîte de Leitner (4 cartes de format 6,5 cm x 10,5 cm, recto - verso). Il y a 1000 fiches soit plus de mille phrases originales dans leur contexte, assez pour mémoriser un langage courant de niveau supérieur, le fameux « fluente » portugais.
Un petit « dico » de mots qu'il faut savoir accompagne la méthode. L'arrière-plan blanc ou orange permet de classer les fiches dans la bonne langue et donc dans le bon sens.
Bonne étude et bon courage !

MAPAS MENTAIS
IDIOMAS
FRANCÊS – PORTUGUÊS

COMO UTILIZAR

Os mapas mentais são todos retirados da vida cotidiana em situações comuns.

Baseiam-se na sucessão de desenhos de memorização, com textos em francês e português.

O método permite a memorização de textos do francês para o português ou do português para o francês, carregando na memória a sugestiva miniatura do desenho com cada situação simultaneamente.

Através do jogo de repetição e atenção focada em todos os desenhos ou cenários da imagem, aprender francês ou português pode ser facilmente configurado.

A repetição da leitura dos textos em francês e português in situ deve ser feita de acordo com a técnica da caixa de Leitner e o método J, ou seja, uma repetição a cada 1, 3, 7, 14 e 30 dias. Para fazer isso, basta cortar cada carta em 4 com uma tesoura e colocá-las na caixa Leitner (4 cartas de 6,5 cm x 10,5 cm, frente e verso). São 1000 fichas de índice, mais de mil frases originais em contexto, suficientes para memorizar uma linguagem do dia-a-dia de nível superior, o famoso "fluente" português.

Um pequeno "dico" de palavras que você precisa saber acompanha o método. O fundo branco ou laranja permite classificar os cartões no idioma certo e, portanto, na direção certa. Feliz estudo e boa sorte!

EXPRESSIONS IDIOMATIQUES niveau I

EXPRESSÕES IDIOMÁTICAS nível I

Qui trop embrasse mal étreint
Quel dommage que nous n'ayons pu voir cela !

Agarra todo, pierde todo
¡Qué lástima que no pudiéramos ver eso!

Ils ont eu un succès fou
Allez, file ! Tu as pigé ?

Eles foram extremamente bem-sucedidos
Vamos lá, vá! Entendeu?

Un petit whisky, ça ne serait pas de refus.
Je ne bois pas du tout d'alcool

Um pouco de uísque, isso não seria uma recusa.
Eu não bebo álcool

Il est lent mais il comprend vite
Vous auriez dû y penser avant

Ele é lento, mas entende rapidamente
Você já deveria ter pensado nisso antes

À mon avis, ils sont partis sans dire au revoir

Na minha opinião, saíram sem se despedirem

C'est son rayon! Il connaît toutes les ficelles

Este é o seu departamento! Ele conhece todos os truques

Ce genre de musique ne me plaît pas beaucoup

Eu não gosto muito desse tipo de música

Penses-tu ça aurait été trop beau !

Você acha que teria sido bom demais!

Je regrette d'être en retard
Je vous donne ma parole

Lamento estar atrasado
Dou-vos a minha palavra

C'est ce qui s'appelle se jeter dans la gueule du loup

É o que se chama atirar-se à cova dos leões

Mon cher général, je peux vous dire un mot en privé ? *Comme vous voudrez*

Meu caro General, posso dizer-lhe uma palavra em privado? *Como quiseres*

En fin de compte, je vais me débrouiller
Comme vous pouvez le constater, ça vaut la peine

No final, eu vou conseguir
Como você pode ver, vale a pena

Les goûts et les couleurs, ça ne se discute pas
Il s'extasie vraiment devant n'importe quoi !

Gostos e cores não estão em discussão
Ele realmente vibra com qualquer coisa!

Tiens, les voilà, si je puis m'exprimer ainsi

Aqui estão, se me é permitido dizê-lo

Quel temps va-t-il faire aujourd'hui ?

Como será o tempo hoje?

J'y suis allé pendant les vacances

Eu fui lá durante as férias

J'aimerai bien connaître le pourquoi du comment
Si tu vois ce que je veux dire !

Gostaria de saber o porquê e como
Se você sabe o que quero dizer!

Elle travaille ici depuis deux ans, elle fait l'idiote

Ela trabalha aqui há dois anos, está agindo de forma estúpida

---

Jugez-en par vous-même *Peu importe, ça m'est égal*

Julgue por si mesmo
Não importa, eu não me importo

N'y va pas par quatre chemins !
Quoi qu'il en soit, j'y veillerai

Não bata à volta do mato!
Em todo o caso, velarei por isso

Elle est d'une vulgarité, mais elle est fière comme Artaban

É de uma vulgaridade, mas ela é orgulhosa como Artabano

Je regrette de lui avoir prêté de l'argent !

Eu me arrependo de ter emprestou dinheiro!

Voulez-vous que nous échangions nos coordonnées ?

Deseja que troquemos os dados de contacto?

J'aimerai bien connaître le pourquoi du comment

Gostaria de saber o porquê e como

Quoi qu'il en soit, tu l'as bien cherché !
Tu ne l'as pas volé!

Enfim, você tem procurado por ele!
Você não roubou!

Entrez, et fermez la porte je vous prie

Entra e fecha a porta, peço-te

Je vous présente ma collègue
Ravi d'avoir fait votre connaissance

Gostaria de apresentar o meu colega
Bom ter conhecido você

Vous auriez du feu s'il vous plaît ?

Você teria fogo
Por favor?

34

Il y travaille depuis six mois

Ele trabalha lá há seis meses

35

D'une façon ou d'une autre, je suis tout à fait d'accord avec vous

Seja como for, concordo plenamente convosco

36

J'ai visité l'Ecosse il y a deux ans !
J'ai attendu pendant deux heures à l'aéroport

Eu visitei a Escócia há dois anos!
Esperei duas horas no aeroporto

37

Dans le pire des cas, va te faire cuire un œuf !

Na pior das hipóteses, vá cozinhar um ovo!

Ça fait des mois que je ne l'ai pas vu

Não o vejo há meses

Ne vous en faites pas

Não te preocupes

A moins qu'on me dise le contraire, je vois de l'eau

A menos que me digam o contrário, vejo água

Tout le plaisir est pour moi

Toda a diversão é para mim

Qu'est-ce que ça veut dire ?
Qu'est-il arrivé ?

O que é que isso significa?
O que aconteceu?

Qu'est-il écrit ici ?
Peux-tu l'épeler ?

O que está escrito aqui?
Você pode soletrar?

J'ai lu ce journal trois fois
C'est n'importe quoi !

Li este jornal três vezes
Mentiras!

Aussi incroyable que cela puisse paraître...

Por incrível que pareça...

Je regrette d'avoir accepté de faire ça

Lamento ter concordado em fazê-lo

Je regrette de ne pouvoir te le dire, les mots me manquent

Lamento não poder dizer-vos, faltam-me palavras

(Regarder)
Il regardait la télé
Ça me plaît beaucoup

(Assista)
Estava a ver televisão
Eu gosto muito

Je vais devoir vous laisser
Vous avez besoin d'aide ?

Eu vou ter que deixá-lo
Precisas de ajuda?

Jusqu'à preuve du contraire
fais de beaux rêves !

Até prova em contrário
Bons sonhos!

Je reviens tout de suite
A plus tard !

Já volto
Até logo!

J'arrive dans un instant
Je vous enverrai un mot

Eu estarei lá em um momento
Vou enviar-lhe uma nota

Toi, tu me casses les pieds
Sans blague !

Você está quebrando meus pés
A sério!

Qu'est-ce qu'il y a Doc ?
Je meurs de faim

Qual é o problema, Doc?
Estou a morrer de fome

Ça me fait plaisir de vous revoir !
Au revoir

É bom vê-lo novamente!
Adeus

Que faites-vous dans la vie ? *Je travaille sur un nouveau modèle*

O que você faz para viver? *Estou a trabalhar num novo modelo*

Comment ça va la santé ?
Voulez-vous m'accompagner ?

Como está a sua saúde?
Você vai me acompanhar?

Si par hasard tu attrapes la clé ?
Tant pis !

Se por acaso você pegar a chave?
Que pena!

Comment ça va ?
Ça m'a fait plaisir de te voir Qu'est-ce que tu deviens ?

Como vai isso?
Foi um prazer vê-lo
O que você se tornou?

Ça fait des années qu'ils sont morts

Eles estão mortos há anos

Autrefois, il y avait ici un cinéma. *Autrefois je jouai du tennis*

No passado, havia um cinema aqui.
Eu costumava jogar tênis

A un de ces jours !
Merci bien !
Je vous en prie

Vemo-nos um destes dias!
Obrigado!
Por favor

Ils se sont encore disputés !

Voltaram a discutir!

Vous pouvez m'accorder quelques instants ?
Pouvez-vous me rappeler votre nom ?

Pode dar-me alguns momentos?
Pode lembrar-me do seu nome?

Vous voulez bien m'aider s'il vous plaît ?
Qu'est-ce que vous êtes chiant !

Gostarias por favor de me ajudar?
Como você é chato!

Je n'étais pas encore aller au Népal !

Eu não tinha ido ao Nepal ainda!

Autrefois, je n'aimais pas la bière !

Eu costumava não gostar de cerveja!

D'où venez-vous ?
Ça me fait plaisir de vous voir !

De onde és?
É bom vê-lo!

Je suis à vous dans deux minutes
Je vois de quoi tu parles

Eu estarei com você em dois minutos
Eu sei do que você está falando

Je ne voudrais pas abuser de votre gentillesse.
Je vais devoir vous laisser!

Eu não quero tirar proveito de sua bondade
Vou ter que te deixar!

Alors tu accouches, oui ? *Nous ne voulons pas vous faire attendre*

Então você está dando à luz, sim? *Não queremos mantê-lo esperando*

ça faisait un bail qu'on ne s'était pas vu

Já faz um tempo que não nos vemos

Laisse tomber, ça ne vaut pas la peine

Esqueça, não vale a pena

Faites, je vous en prie !
Merci du compliment !

Por favor!
Obrigado pelo elogio!

Veinard, c'est toujours toi qui gagnes !
Tu as une de ces chances !

Sorte sua, é sempre você quem ganha!
Você tem uma dessas chances!

C'est un imbécile, il est idiot ! *Il est complètement cinglé, non ?*

Ele é um tolo, ele é um!
Ele é completamente louco, não é?

Pourtant, vous avez l'air de vous y connaître plutôt bien !

No entanto, você parece conhecer suas coisas muito bem!

Elle est restée muette comme une carpe et elle s'est dégonflée !

Ela permaneceu em silêncio como uma carpa e ela esvaziou!

Regardez-moi un peu ça ! **Vous rigolez !** *Excusez-moi, je n'écoutais pas*

Olha só! **Estás a gozar!** *Desculpe-me, eu não estava ouvindo*

Ça ne m'emballe pas trop. *Qu'est-ce qu'on s'ennuie!*

Eu não estou muito animado com isso *Como estamos entediados!*

Ne fait pas la fine bouche
Il a été piqué au vif !

Não seja exigente
Ele foi picado ao rápido!

Excusez-moi, je n'ai pas entendu votre prénom , Monsieur ...? *Je ne vous ai pas entendu.*

Com licença, não ouvi o seu nome, senhor…? *Não o ouvi.*

Ça te va à ravir ! *Ça ne ressemble vraiment à rien !*

Adapta-se perfeitamente a si! *Realmente não parece nada!*

Permettez que je vous aide. *Je n'en crois pas mes yeux !*

Permitam-me que vos ajude. *Não consigo acreditar nos meus olhos!*

Vous avez mal, vous souffrez ?
Pas de bol hein !

Você está com dor, você está com dor?
Sem sorte hein!

Je suis expert en la matière. *Désolé, mais ce n'est pas mon truc*

Sou especialista nesta área. *Desculpe, mas isso não é a minha coisa*

Tu as dit quelque chose ? Quel bruit ! *On ne peut pas en placer une.*

Disse alguma coisa? Que barulho! *Você não pode colocar um.*

Nous avons l'intention d'aller à Rome l'an prochain.
Il a une idée fixe

Pretendemos ir a Roma no próximo ano.
Ele tem uma ideia fixa

Entrez ! **Comme vous pouvez le constater, ça ira mieux la prochaine fois !**

Entra! **Como você pode ver, vai melhorar da próxima vez!**

Quel dommage !
Il faut choisir, sinon c'est n'importe quoi !

Que pena!
Você tem que escolher, senão é um absurdo!

C'est une grande gueule, mais il est d'un abord plutôt facile.

Ele é um barulhento, mas é uma abordagem muito fácil.

Merci mille fois, *mais j'ai d'autres chats à fouetter*

Muito obrigado, *mas tenho outros peixes para fritar.*

On annonce de la pluie. *Il pleut toujours là-bas !*

A previsão é de chuva. *Ainda está chovendo lá!*

Que faites-vous dans la vie ? **Pas grand-chose !** *J'ai hâte de vous revoir.*

O que você faz para viver? Não muito! Estou ansioso para vê-lo novamente.

Ça va durer longtemps ? *Il n'y a pas de quoi*

Vai durar muito tempo? *De nada*

Tel père, tel fils. C'est bien le fils de son père ! *Je ne trouve rien à redire !*

Quem sai aos seus, não degenera. Ele é realmente o filho de seu pai! *Não consigo encontrar nada para reclamar!*

Il a complètement déraillé ! Il est timbré !
C'est à vous de décider.

Saiu completamente dos trilhos! *Está carimbado!*
Depende de você.

Tiens, il y avait longtemps que tu n'avais pas parlé de ça !
Que veux-tu que ça me fasse !

Ei, faz muito tempo que você não fala sobre isso!
O que você quer que eu faça!

Tiens, regarde qui s'amène ?
Il était plongé dans ses pensées.

Aqui, olha quem está chegando? *Ele estava profundamente pensado.*

Je me suis dit que je ferai mieux de t'en parler. *Ne comptez pas sur moi !*

Eu pensei que seria melhor falar sobre isso.
Não conte comigo!

Ces deux-là, ce sont les mêmes.
Ils ont eu un succès fou !

Estes dois são iguais.
Foram um enorme sucesso!

Bien, *où en étions-nous* ?
Il a changé d'avis !

Bem, onde estávamos?
Ele mudou de ideia!

Elle sait ce qu'elle veut ! *Elle ne pense à rien d'autre.*

Ela sabe o que quer!
Ela não pensa em mais nada

Qui est cette amie dont tu n'arrêtes pas de parler ? *Je ne la connais ni d'Ève, ni d'Adam.*

Quem é esse amigo que você continua falando?
Não sei de Eva ou Adão.

Il vaut mieux parler du problème si tu veux détendre l'atmosphère

É melhor falar sobre o problema se você quiser aliviar a atmosfera

Tu ne devineras jamais ce qui est arrivé au travail aujourd'hui

Você nunca vai adivinhar o que aconteceu no trabalho hoje

Je peux t'inviter à boire un verre

Eu posso convidá-lo para uma bebida

Elle est ravie d'assister à cette pièce de théâtre

Ela está encantada por assistir a esta peça

Les policiers saisissent les objets pouvant être des preuves

A polícia apreendeu objetos que poderiam ser provas

Le procès se déroulera dans quelques jours

O julgamento terá lugar dentro de alguns dias

L'assurance a déclaré que la tornade était une catastrophe imprévisible.

O seguro disse que o tornado foi um desastre imprevisível.

Il faut vraiment que tu te ressaisisses si tu veux décrocher ce boulot.

Você realmente tem que se unir se quiser conseguir esse emprego.

Il a joué la comédie devant ses parents

Ele agiu na frente dos pais

Tu devrais faire ce que tu as dit.
Il vaut mieux agir que parler.

Deve fazer o que disse.
É melhor agir do que falar.

C'est dommage que je ne l'aie pas vu.
Dommage que je ne puisse pas faire cela

É uma pena não ter visto.
Pena que eu não posso fazer isso

Karen a les chevilles qui enflent depuis qu'elle est responsable du projet

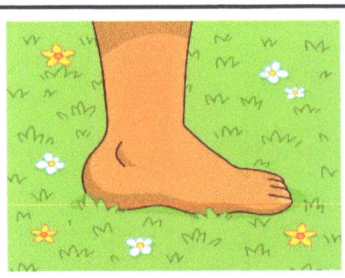

Os tornozelos de Karen estão inchados desde que ela estava líder de projeto

Guy avait hâte de régler ses comptes avec Louisa après ce qu'elle lui avait fait

Guy estava ansioso para acertar contas com Louisa depois o que ela lhe fizera

Angela était sûre de gagner car elle avait tous les atouts en main.

Angela tinha a certeza de ganhar porque tinha todos os trunfos na mão.

Je n'ai soudainement plus eu de nouvelles de Bianca. C'est comme si elle s'était volatilisée.

De repente, não tive notícias da Bianca. É como se tivesse desaparecido.

Je marchais dans la rue quand Harry est apparu soudainement.

Eu estava andando pela rua quando Harry apareceu de repente.

Kévin est aux anges depuis qu'il a déménagé en Australie.

Kevin está na lua desde que se mudou para a Austrália.

Ses problèmes d'argent sont devenus un boulet pour lui.

Os seus problemas financeiros tornaram-se uma pedra de moinho para ele.

Mon patron m'a donné le feu vert pour ce projet

Meu chefe me deu Luz verde para este projeto

Les enfants ont mangé des cookies. Ils ne tiennent plus en place maintenant !

As crianças comiam biscoitos. Eles não aguentam maisno lugar agora!

Alicia essaya de sauver les apparences après avoir découvert que son mari la trompait.

Alicia tentou manter as aparências depois descobriu que o marido enganou-a.

Sa fille est la prunelle de ses yeux.

Sua filha é a menina dos seus olhos.

Ma voiture m'a coûté les yeux de la tête

O meu carro custou-me um braço e uma perna

Jessica est sortie boire un verre mais on lui a forcé la main.

Jéssica saiu para beber, mas a mão foi forçada.

La famille d'accueil de Diane l'a accueillie à bras ouverts.

A família adotiva de Diane recebeu-a de braços abertos.

La grand-mère d'Isabella aime remuer le passé.

A avó de Isabella gosta de mexer com o passado.

Bill m'a refilé le bébé pendant qu'il est en vacances.

Bill me deu o bebê enquanto ele estava de férias.

Jack s'est démené pour demander à Rose de sortir avec lui.

Jack fez de tudo para pedir a Rose para sair em um encontro.

Nick aura son diplôme cette année s'il travaille dur.

Nick vai se formar este ano se ele trabalhar duro.

Andrea est celle qui fait bouillir la marmite dans leur couple.

Andrea é quem ferve a panela na sua relação.

Lily espérait que ses parents lui ficheraient la paix

Lily esperava que seus pais a deixassem em paz

Petra est très amoureuse d'Igor.

Petra é muito apaixonada por Igor.

Cet examen est vraiment facile. C'est dans la poche!

Esta revisão é muito fácil. Está no bolso!

Carlos connaît ce bâtiment comme sa poche.

Carlos conhece este edifício como a palma da mão.

Cette fête était géniale, on s'est bien amusés !

Esta festa foi ótima, nos divertimos muito!

Il faut que tu coopères si tu veux que Janet te laisse tranquille.

Você tem que cooperar se quiser que Janet o deixe em paz.

Tim est devenu dingue quand il a découvert son cadeau d'anniversaire.

Tim enlouqueceu quando descobriu seu presente de aniversário.

Edward peut être dur en affaires quand il le souhaite.

Edward pode ser duro nos negócios sempre que quiser.

Je n'ai pas le choix, ils m'ont à leur merci.

Eu não tenho escolha, eles me têm à mercê deles.

Tu mènes un combat perdu d'avance; ton père ne changera pas d'avis.

Você está lutando uma batalha perdida; Seu pai não vai mudar de ideia.

Je sais que tu n'aimes pas ça, mais tu dois tenir Claire à distance.

Eu sei que você não gosta, mas você tem que manter Claire à distância..

Leur société a démarré fort.

A empresa deles começou forte.

Décrocher cet emploi est le but ultime de Fiona.

Conseguir este emprego é o objetivo final de Fiona

Charlie a presque révélé le secret devant Anthony

Charlie quase revelou o segredo na frente de Anthony

Emily n'est pas à prendre avec des pincettes le matin.

Emily não deve ser tomada com um grão de sal pela manhã.

Max a eu le tout dernier téléphone portable avant tout le monde; il a devancé tous ses amis.

Max conseguiu o último celular antes de qualquer outra pessoa; precedeu todos os seus amigos.

Thomas est vraiment de mauvaise humeur aujourd'hui… il s'est levé du pied gauche?

Thomas está de muito mau humor hoje… Levantou-se com o pé esquerdo?

Quand elle a une idée en tête, Sandra n'abandonne pas

Quando tem uma ideia em mente, Sandra não desiste

Les enfants se sont dirigés droit vers les bonbons.

As crianças foram direto para o doce.

Ce nom me rappelle quelque chose... Est-ce que c'est l'endroit où vit ta tante ?

Este nome faz-me lembrar alguma coisa... É aqui que a sua tia vive?

Mario a été sauvé par le gong quand sa mère est arrivée.

Mario foi salvo pelo gongo quando sua mãe chegou.

Nous avons beaucoup dépensé ce mois-ci. Il va falloir se serrer la ceinture.

Gastamos muito este mês. Vamos ter que apertar o cinto

Ses parents l'ont soutenue totalement quand elle a décidé de changer de carrière.

Seus pais foram totalmente solidários quando ela decidiu mudar de carreira.

Elle a fait tout son possible pour lui organiser la meilleure soirée d'anniversaire.

Ela fez de tudo para lhe dar a melhor festa de aniversário.

À partir de maintenant, j'évite ce genre de mecs.

A partir de agora, evito esse tipo de cara

Il ne nous donnera qu'un seul verre d'eau... Il faudra s'en contenter.

Ele nos dará apenas um copo de água... Será necessário satisfaça-se com ele..

Je prendrais le parapluie si j'étais toi. Il vaut mieux prévenir que guérir.

Eu pegaria o guarda-chuva se eu fosse você. É melhor prevenir do que remediar.

Maria a vaincu Milena à la fin du troisième set.

Maria derrotou Milena no final do terceiro set.

Qu'on puisse oublier ses enfants dans un supermarché, ça me dépasse

Que você pode esquecer seus filhos em um supermercado, está além de mim

Ce n'est pas le bon type de fromage mais ça fera l'affaire.

Não é o tipo certo de queijo, mas vai servir.

Depuis ma fenêtre, j'ai une vue d'ensemble de la prairie

Da minha janela, tenho uma visão geral do prado

Marcus est un lève-tôt

Marcus é um madrugador

Elle a fait d'une pierre deux coups en trouvant cet emploi.

Ela matou dois pássaros com uma cajadada ao encontrar este emprego.

Il était couvert de bleus le lendemain de sa chute dans les escaliers.

Ele estava coberto de hematomas no dia seguinte à queda das escadas.

j'ai essayé de retrouver mon sac mais j'ai fait chou blanc.

Tentei encontrar minha bolsa, mas cheguei vazia.

Paul est myope comme une taupe sans ses lunettes.

Paulo é tão míope como uma toupeira sem os óculos.

j'ai laissé mon téléphone sur la table et il a disparu en un clin d'œil

Deixei o telemóvel em cima da mesa e desapareceu num piscar de olhos.

Lui faire accepter nos conditions n'était pas une mince affaire.

Conseguir que ele concordasse com os nossos termos não foi tarefa fácil.

La façon dont Pierre parle à Gény me met hors de moi

A forma como Pierre fala com Gény deixa-me irritado

Brent avait été absent pendant cinq ans quand il est réapparu sans prévenir.

Brent estava fora há cinco anos quando reapareceu sem aviso.

j'ai toujours le cafard le lundi.

Eu sempre tenho o blues às segundas-feiras.

Mado a raflé la mise une nouvelle fois quand elle a accepté cette mission.

Mado ganhou a licitação mais uma vez quando Ela aceitou esta missão

La voix de Johnny quand il chante m'impressionne

A voz de Johnny quando canta impressiona-me

Pour amortir le choc, on leur a donné un bonus financier quand ils ont été renvoyés.

Para amortecer o golpe, eles receberam um bônus quando foram demitidos.

Julie a attendu trop longtemps et a manqué le coche.

Julie esperou muito tempo e perdeu o barco.

Graham dit qu'il veut acheter une moto, mais il faudra me passer sur le corps!

Graham diz que quer comprar uma moto, mas você vai ter que atropelar meu corpo!

Gerard, reste ici, j'ai un compte à régler avec toi

Geraldo, fique aqui, eu tenho uma pontuação para acertar com você

Brice va quitter Maguy, j'en suis certain.

Brice vai deixar Maguy, tenho certeza disso.

Je ronge mon frein en attendant les vacances

Estou a roer os travões enquanto espero pelas férias

Mon professeur veut que je réalise ce projet en suivant les règles mais j'aimerais essayer quelque chose de différent.

Meu professor quer que eu faça este projeto pelas regras, mas eu gostaria de tentar algo diferente.

La voisine a dit « bonjour » C'est à marquer d'une pierre blanche!

O vizinho disse "olá" É um marco!

Jeremy a la grosse tête depuis qu'il a eu sa promotion.

Jeremy tem tido uma cabeça grande desde que foi promovido.

Je te souhaite un joyeux anniversaire, du fond du cœur.

Desejo-lhe um feliz aniversário, do fundo do meu coração.

Je parlerai à Jeannette et ferai toute la lumière sur cette histoire.

Vou falar com Jeannette e lançar luz sobre esta história.

Mila a mis John à la porte après l'avoir vu avec Theresa.

Mila expulsou John depois de vê-lo com Theresa.

Le dernier étage de l'immeuble est interdit d'accès

O último andar do edifício é de acesso proibido

Je n'ai aucune idée pour le cadeau d'anniversaire de Cathy. Est-ce que je peux faire appel à tes lumières ?

Eu não tenho idéia sobre o presente de aniversário de Cathy. Posso ligar para as vossas luzes?

Je me suis creusé la tête pour me souvenir de son numéro de téléphone.

Eu quebrei meus cérebros para lembrar o número de telefone dele.

Ils ont pris la fuite quand l'incendie a démarré

Eles fugiram quando o fogo começou

j'espère avoir une augmentation cette année mais je ne me fais pas trop d'illusions.

Espero conseguir um aumento este ano, mas não tenho muitas ilusões.

La vue du haut de l'Empire State Building va te couper le souffle.

A vista do topo do Empire State Building vai tirar o fôlego.

Cet examen, c'est du gâteau

Este exame é um pedaço de bolo

Nous devons nous réveiller de bonne heure pour prendre notre train.

Temos de acordar cedo para apanhar o comboio.

La voiture s'est arrêtée tellement près de moi que j'ai cru que j'allais casser ma pipe.

O carro parou tão perto de mim que pensei que ia quebrar meu cachimbo.

Le projet de Cathy a été tué dans l'œuf quand son patron l'a confiée à une autre équipe.

O projeto de Cathy foi cortado pela raiz quando seu chefe a confiou a outra equipe.

Ton adversaire ne va faire qu'une bouchée de toi.

Seu oponente fará pouco trabalho de você.

L'étrange bruit que j'ai entendu hier soir m'a fichu la trouille.

O barulho estranho que ouvi ontem à noite assustou-me.

Je n'ai pas eu de nouvelles d'Anna, donc j'ai décidé de remettre le projet à plus tard.

Eu não ouvi falar de Anna, então decidi adiar o projeto.

Elle a l'air si innocente qu'on lui donnerait le bon Dieu sans confession.

Ela parece tão inocente que lhe dariam Deus sem confissão.

J'ai toujours le trac avant de prendre la parole en public

Eu sempre tenho medo do palco antes de falar em público

Elle est presque tombée de l'échelle. Ça aurait pu tourner mal.

Ela quase caiu da escada. Podia ter corrido mal.

Le problème au travail est un vrai sac de nœuds

O problema no trabalho é um verdadeiro saco de nós

Elle brûlait la bougie par les deux bouts mais elle a beaucoup changé récemment

Ela costumava queimar a vela em ambas as extremidades, mas mudou muito recentemente

---

On ne peut pas lui faire confiance pour faire partie d'une équipe, il n'en fait qu'à sa tête.

Não se pode confiar que ele faça parte de uma equipa, faz o que quer.

Ce devoir est difficile. Tu vas devoir faire travailler tes méninges.

Este dever é difícil. Você vai ter que colocá-lo para trabalhar os seus cérebros.

Ses parents promirent de lui acheter un billet de concert mais ils ont mis la charrue avant les bœufs.

Os pais prometeram-lhe comprar um bilhete para o concerto, mas puseram a carroça à frente dos bois.

Marc savait quelque chose sur Erika mais il a révélé le secret par mégarde.

Marc sabia algo sobre Erika, mas acidentalmente revelou o segredo.

Vera n'a pas encore trouvé sa robe de mariage mais elle est sur le coup.

Vera ainda não encontrou seu vestido de noiva, mas Ela está no caso.

Milena pensait avoir gagné mais son adversaire avait toujours un atout dans sa manche.

Milena pensou que tinha vencido, mas a adversária tinha sempre um ás na manga.

Tu ne peux pas continuer à me faire tourner en bourrique, j'ai besoin d'une réponse de suite !

Você não pode continuar Preciso de uma resposta imediata!

Marc fouillait dans les affaires d'Yvonne quand il a été pris la main dans le sac.

Marc estava vasculhando os pertences de Yvonne quando foi preso em flagrante.

Mickael et Gérard sont comme le jour et la nuit en ce qui concerne leur personnalité.

Mickael e Gérard são como noite e dia quando se trata de suas personalidades.

Notre patron nous a donné carte blanche pour organiser la soirée d'entreprise.

Nosso chefe nos deu carta branca para organizar a festa da empresa.

Dis-moi ce qui ne va pas, vide ton sac

Diga-me o que está errado, esvazie o saco

Jane a de bonnes chances de décrocher le travail de ses rêves.

Jane tem boas hipóteses de conseguir o emprego dos seus sonhos.

Nous devrions gagner le tournoi mais je ne veux pas vendre la peau de l'ours avant de l'avoir tué.

Devemos ganhar o torneio, mas não quero vender a pele do urso antes de matá-lo.

Tiens bon, ça va s'arranger.

Aguenta, vai melhorar

Son discours a touché la corde sensible quand il a mentionné ses enfants.

O seu discurso impressionou quando mencionou os seus filhos.

Les choses sont revenues au point de départ à la fin du film.

As coisas voltaram ao ponto em que começaram no final do filme.

La maison est propre comme un sou neuf pour recevoir mes parents.

A casa está limpa como um centavo para receber meus pais.

Tu dois avouer tes problèmes si tu veux que l'on t'aide.

Você tem que admitir seus problemas se quiser ser ajudado.

Si je pouvais revenir en arrière, beaucoup de choses seraient différentes.

Se eu pudesse voltar, um monte de as coisas seriam diferentes.

Mes enfants sont tous coulés dans le même moule.

Meus filhos estão todos moldados no mesmo molde.

Mickey s'est fait passer un savon pour être sorti sans prévenir ses parents.

Mickey recebeu um sabonete por sair sem avisar os pais.

Sonia nous a raconté une histoire à dormir debout à propos de ce qui lui est arrivé hier soir.

Sónia contou-nos uma história para dormir sobre o que lhe aconteceu ontem à noite.

Tu devrais lui rendre la monnaie de sa pièce après ce qu'il t'a fait.

Você deve devolvê-lo seu favor depois o que ele fez com você.

Milena s'est montrée sous son vrai jour pendant ses vacances avec Sophie.

Milena mostrou-se em sua verdadeira luz durante suas férias com Sophie.

Ne tire pas des conclusions trop hâtives, ils ne se sont toujours pas expliqués.

Não tire conclusões precipitadas, eles não tiraram conclusões precipitadas ainda não explicado.

Ne pas dire la vérité à Brigitte me pèse sur la conscience depuis des semaines.

Não dizer a verdade a Brigitte tem pesado na minha consciência há semanas.

Bill est arrivé à son examen avec une heure de retard, mais il était d'un calme olympien.

Bill chegou para o exame com uma hora de atraso, mas estava calmo como atleta olímpico.

Notre patron a perdu son sang-froid devant les clients.

Nosso chefe perdeu a paciência na frente dos clientes.

L'idée de Marc a été tournée en ridicule.

A ideia de Marc foi ridicularizada.

L'espion russe a démasqué Bill

O espião russo desmascarou Bill

La façon dont Julia regarde Frédéric me donne la chair de poule.

A forma como Julia olha para Frédéric dá-me arrepios

Fanny n'exprime pas vraiment ses opinions, elle suit généralement le mouvement.

Fanny realmente não expressa suas opiniões, ela geralmente acompanha o fluxo.

Jina craquait pour Paul mais elle a rencontré Alfred.

Jina apaixonou-se por Paulo, mas conheceu Alfredo.

Pour l'amour de Dieu, tu ne peux pas juste aller lui parler?

Pelo amor de Deus, você não pode simplesmente ir falar com Ele?

Je n'aime pas préparer mes discours donc j'improvise toujours au pied levé.

Não gosto de preparar os meus discursos, por isso improviso sempre a curto prazo.

Les enfants voulaient savoir quels étaient leurs cadeaux de Noël mais je leur ai dit que la curiosité est un vilain défaut.

As crianças queriam saber quais eram os seus presentes de Natal, mas eu disse-lhes que a curiosidade é uma coisa má.

Il m'a foudroyé du regard quand j'ai commencé à parler de sa nouvelle petite amie.

Ele olhou para mim quando comecei a falar sobre sua nova namorada.

Quand il est devenu clair que nous ne pourrions finir à temps, nous avons décidé de nous arrêter là.

Quando ficou claro que não poderíamos terminar a tempo, decidimos parar por aí.

Il était le meilleur employé de l'entreprise mais il a fait son temps.

Ele era o melhor funcionário da empresa, mas ele fez o seu tempo.

Ça m'a fait très plaisir que tu viennes me voir au travail !

Fiquei muito feliz que você veio me ver no trabalho!

N'écoute pas la musique trop fort ou tu seras sourd comme un pot.

Não ouça a música muito alto ou você ficará surdo para caramba.

C'est arrivé juste une fois, n'en fais pas tout un plat.  Aconteceu apenas uma vez, não faça grande coisa com isso. 250	Faire réparer la voiture a vraiment entamé leurs économies.  Conseguir consertar o carro realmente prejudicou suas economias 251
Ma mère est totalement dépassée quand on parle de technologie.  Minha mãe está totalmente sobrecarregada quando se trata de tecnologia. 252	Andrea pourra t'aider à ton arrivée mais tu devras te débrouiller toute seule ensuite.  Andrea será capaz de ajudá-lo quando você chegar, mas você terá que se defender depois. 253

Voilà Donald. Quand on parle du loup

Esse é o Donald. Por falar no diabo

Rose, fuchsia. C'est du pareil au même.

Rosa, fúcsia. É tudo a mesma coisa.

Son patron n'arrête pas de le traiter comme un chien

Seu chefe continua tratando-o como um cachorro

Philippe est un empêcheur de tourner en rond. Il n'utilise jamais sa voiture mais il ne veut pas me la prêter.

Philippe é um impedimento para andar em círculos. Ele nunca usa o carro dele, mas não quer emprestá-lo para mim.

Maria travaille comme une folle pour payer les factures.

Maria trabalha como louca para pagar as contas.

Tu peux être certain qu'elle viendra avec Edouard.

Pode ter certeza que ela virá com Eduardo.

Tu es superbe dans cette robe !

Você está muito bem neste vestido!

Mon père a eu cet emploi parce qu'il a été pistonné.

O meu pai arranjou este emprego porque era pistonado.

Nous sommes tombés d'accord sur la plupart des conditions mais il nous reste à apporter la touche finale

Chegámos a acordo sobre a maior parte das condições, mas ainda temos de dar os últimos retoques

---

Les choses ne fonctionnent pas ainsi... On doit tout recommencer à zéro.

As coisas não funcionam assim... Temos de começar tudo de novo.

Son patron l'a laissée partir, si tu vois ce que je veux dire

Seu chefe a deixou ir, se você sabe o que quero dizer

Ses discours sont ennuyeux à mourir

Os seus discursos são aborrecidos até à morte

Mathématiques, c'est de l'hébreu pour moi.

Matemática é hebraico para mim.

Ma vieille voisine me pompe toujours l'air en me parlant de ses chats.

Minha velha vizinha sempre suga o ar de mim enquanto fala comigo sobre seus gatos.

On ne sait jamais comment il va réagir. Il faudra improviser le moment venu.

Nunca se sabe como ele vai reagir. Teremos de improvisar quando chegar a altura

---

Je ne sais pas encore ce qu'il va passer mais j'ouvre grand les oreilles.

Ainda não sei o que vai acontecer, mas abro bem os ouvidos.

La nouvelle employée manque d'expérience donc je vais devoir l'aider.

A nova funcionária não tem experiência, então terei que ajudá-la

Nous avons fini par dénicher Emily dans la section bandes dessinées du magasin.

Acabamos encontrando Emily na seção de tiras desenhos da loja

Ils n'ont pas été trop durs envers Betty lors de sa première semaine de travail.

Eles não foram muito Betty durante sua primeira semana no trabalho.

Je ne sais pas ce qu'il se passe, je suis sur les nerfs

Não sei o que está acontecendo, estou no limite

Je voulais impressionner Magali mais je me suis couvert de ridicule.

Eu queria impressionar Magali, mas eu me cobri de ridículo.

Babette s'est finalement débarrassée de Michel

Babette finalmente se livrou de Michel

Ce que tu dis ne compte pas en fin de compte, c'est ce que tu fais.

O que você diz não importa no final, é o que você faz.

Cette annonce n'est qu'un début. Il y aura d'autres changements à venir.

Este anúncio é apenas o começo. Haverá outros mudanças que estão por vir.

Elle s'est indignée de la nouvelle règle sur son lieu de travail.

Ela ficou indignada com a nova regra em seu local de trabalho.

Ses parents lui ont demandé d'essayer de repérer leur chat disparu.

Os pais pediram-lhe que tentasse localizar o gato desaparecido.

Bill et Pauline sont d'accord à propos de leurs prochaines vacances.

Bill e Pauline concordam sobre suas próximas férias.

C'est apparu comme une évidence à quel point Paul aime Maria quand elle a commencé à sortir avec Joe.

Era óbvio o quanto Paulo ama Maria quando ela começou a namorar Joe.

Elle a épousé Bernard en toute connaissance de cause

Casou-se com Bernardo com pleno conhecimento dos factos

Daniel est allé à l'encontre de nos conseils pour prouver qu'il avait raison.

Daniel foi contra o nosso conselho para provar que ele estava certo.

Ce n'est pas facile de garder son sérieux quand elle te regarde ainsi.

Não é fácil manter a seriedade dela quando ela olha para você assim.

L'équipe adverse nous a battu sans tricher

A equipa adversária bateu-nos sem enganar

Nous taillions une bavette depuis plus de deux heures quand nous réalisâmes que nous étions en retard

Nós estávamos aparando um peitoral por mais de duas horas quando percebemos que estávamos atrasados

La façon dont nos parents nous ont élevés est quelque chose dont ils peuvent être fiers.

A forma como os nossos pais nos criaram é algo de que se podem orgulhar.

C'était juste pour s'amuser!
Sans rancune?

Foi apenas por diversão!
Sem ressentimentos?

je voulais voyager tout seul mais à la dernière minute, j'ai eu la trouille.

Eu queria viajar sozinha, mas no último minuto, eu estava com medo.

Nous sommes toujours débordés avant l'été.

Estamos sempre sobrecarregados antes do verão.

La demande en mariage de Billy a fait perdre la tête à Maud.

O pedido de casamento de Billy fez Maud perder a cabeça.

Arrête de ménager la chèvre et le chou et dis-nous ce que tu penses !

Pare de poupar a cabra e a couve e diga-nos o que pensa!

Si ta sœur savait ce qu'il venait de se passer, elle s'en donnerait à cœur joie.

Se sua irmã soubesse o que tinha acabado de acontecer, ela se divertiria muito.

La nouvelle du départ de Matilde était complètement inattendue.

A notícia da saída de Matilde foi completamente inesperada.

Il aimait chercher la bagarre quand il était plus jeune.

Ele gostava de procurar uma luta quando era mais jovem.

Elle le mène par le bout du nez à chaque fois qu'elle lui demande quelque chose.

Ela leva-o pelo nariz sempre que lhe pede alguma coisa.

Ils se tuaient tous les deux à la tâche pour rembourser leur prêt hypothécaire.

Ambos estavam se matando para pagar suas hipotecas.

Il boit comme un trou mais il est toujours très poli.

Ele bebe como um buraco, mas é sempre muito educado.

Ne t'énerve pas contre lui, nous avons d'autres chats à fouetter.

Não fique bravo com ele, temos outros peixes para fritar.

Elle a 94 ans mais elle est en excellente santé

Tem 94 anos, mas está com excelente saúde

Ce que Rosana a dit à Milena lors de la soirée a jeté de l'huile sur le feu.

O que Rosana disse a Milena na festa colocou mais lenha na fogueira.

Il l'a invitée à sortir avec lui mais elle l'a envoyé balader.

Convidou-a para sair com ele, mas ela mandou-o embora.

Notre équipe les a battus à plates coutures pour la première fois.

A nossa equipa venceu-os pela primeira vez.

j'aimerais être une petite souris pour savoir ce qui se passe pendant ces réunions.

Eu gostaria de ser um ratinho para saber o que tem lugar durante estas reuniões.

Tu te berces d'illusions si tu crois que tu peux vivre à New York sans travailler.

Você se ilude se acredita que pode viver em Nova Iorque sem trabalhar.

Tout le monde l'aime bien parce qu'elle fait toujours de son mieux.

Todo mundo gosta dela porque ela sempre gosta na medida das suas possibilidades.

Je crois que j'ai encore fait une gaffe avec Anna.

Acho que cometi outro erro com Anna.

Je n'arrête pas de tousser. Je crois que j'ai un chat dans la gorge.

Não consigo parar de tossir. Acho que tenho um gato na garganta.

Brigitte a piqué une crise quand j'ai commencé à parler de Daniel.

Brigitte fez birra quando comecei a falar do Daniel.

Fais attention à Raymond. Il m'a déjà mené en bateau une fois.  Cuidado com Raymond. Ele já me levou num barco uma vez. 310	Il passa l'arme à gauche à l'âge de quatre vingt huit (88) ans  Passou a arma para a esquerda aos oitenta e oito anos de idade 311
Tu ne devrais pas prendre des gants avec lui, il doit apprendre comment le travail se passe vraiment. 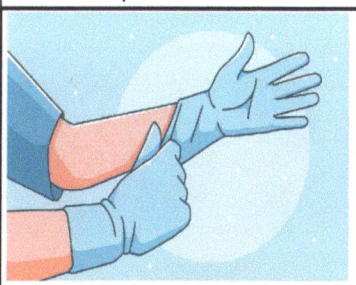 Você não deve tirar luvas com ele, ele tem que Saiba como o trabalho realmente acontece. 312	Ils ont réussi leur projet malgré le court délai.  Eles tiveram sucesso em seu projeto, apesar do prazo curto. 313

Jean a encore fait le pitre en classe aujourd'hui.

Jean foi outro palhaço na aula de hoje.

j'ai tiré le bon numéro avec Gilles, c'est vraiment le meilleur petit ami !

Eu desenhei o número certo com Gilles, ele é realmente o melhor namorado!

On dit que les petites filles sont sages comme des images mais ce n'est pas toujours vrai.

Dizem que as raparigas são tão boas como as imagens, mas isso nem sempre é verdade.

Je sens que les enfants mijotent quelque chose aujourd'hui.

Sinto que as crianças estão a cozinhar alguma coisa hoje.

j'ai appris par le téléphone arabe que Maria avait trouvé un nouveau boulot.

Soube através do telefone árabe que Maria tinha encontrado um novo emprego.

Brandon ne traîne jamais quand on lui confie un nouveau projet.

Brandon nunca sai quando lhe foi confiado um novo projeto.

Cette maison n'est pas parfaite mais nous allons devoir faire contre mauvaise fortune bon cœur pour le moment.

Esta casa não é perfeita, mas vamos ter que lidar com a má sorte com um bom coração para o momento.

Je ne l'avais encore jamais vue perdre les pédales

Eu nunca a tinha visto perder a cabeça antes

Je sais que la situation n'est pas facile mais tu dois tenir bon.

Eu sei que não é fácil, mas você tem que aguentar.

je voulais dire non mais il m'a mis le couteau sous la gorge

Eu queria dizer não, mas ele colocou a faca na minha garganta

Elle a agi prématurément et a annoncé à notre patron que le client avait accepté avant que le contrat soit signé.

Ela agiu prematuramente e disse ao nosso chefe que o cliente tinha concordado antes do contrato ser assinado.

Daniel est resté sur ses positions même après que notre manager lui a parlé.

Daniel se manteve firme mesmo depois que nosso gerente falou com ele.

j'ai passé une très mauvaise semaine ; je vais me laisser aller ce week-end !  Tive uma semana muito má; Vou deixar-me ir este fim de semana!	J'ai entendu Monica raconter des histoires qui te feraient faire dresser les cheveux sur la tête.  Já ouvi a Mónica contar histórias que fariam o seu cabelo ficar em pé.
Marc est un gentil garçon mais il coupe toujours les cheveux en quatre.  Marc é um menino legal, mas ele sempre divide o cabelo.	Tu ne devrais pas cracher dans la soupe, ils sont vraiment très gentils avec toi.  Você não deve cuspir na sopa, eles são realmente muito bom para você.

Ils ont toujours mené une existence précaire.

Sempre tiveram uma existência precária.

Ma sœur était aux petits soins pour ma mère quand elle était malade.

Minha irmã cuidou da minha mãe quando ela estava doente.

J'ai enfin pigé ce jeu

Eu finalmente tenho este jogo

Michel et Jean ont enterré la hache de guerre pour de bon.

Michel e Jean enterrados a machadinha para sempre.

Sa décision de partir pour l'Argentine a précipité ma demande en mariage.

Sua decisão de partir para a Argentina precipitou meu pedido de casamento.

Joan est tombé éperdument amoureuse de Richard.

Joana apaixonou-se por Ricardo.

On peut toujours deviner ce qu'elle pense; elle laisse voir ses sentiments.

Pode-se sempre adivinhar o que ela está pensando; ela deixa seus sentimentos transparecerem.

Elles sont décidées à gagner le championnat coûte que coûte.

Eles estão determinados a ganhar o campeonato a todo custo.

Il rangera sa chambre quand les poules auront des dents

Ele arrumará seu quarto quando as galinhas tiverem dentes

Maud a laissé Gérard en plan quand elle est tombée sur Jenifer.

Maud deixou Gérard à deriva quando ela caiu sobre Jenifer.

Tes remarques étaient plutôt blessantes

As suas observações foram bastante dolorosas

j'ai essayé de lui parler mais c'était en pure perte, il n'écoute jamais.

Tentei falar com ele, mas foi um desperdício, ele nunca ouve.

j'ai dû remettre mon voyage à plus tard parce que j'avais trop de travail.

Tive de adiar a minha viagem porque tinha muito trabalho.

La surprise partie était géniale mais le fait que tu sois venu était la cerise sur le gâteau.

A festa surpresa foi ótima, mas o fato de que você veio foi a cereja do bolo.

Tu devrais battre le fer pendant qu'il est chaud, il te dira peut-être oui aussi.

Você deve atacar enquanto o ferro está quente, ele pode dizer que sim também.

J'ai laissé tomber Jennifer quand elle a oublié notre rendez-vous pour la troisième fois consécutive.

Eu dececionei Jennifer quando ela esqueceu nosso encontro pela terceira vez consecutiva.

Mélanie éprouve de la difficulté à parler de ses sentiments à ses amies.

Melanie tem dificuldade em falar sobre seus sentimentos para seus amigos.

Sylvie arrive au bureau tôt le matin pour avoir une longueur d'avance sur tout le monde.

Sylvie chega cedo ao escritório de manhã para estar um passo à frente do todos.

Ils se sont tenus au courant de ce qui est arrivé à leurs voisins pendant un moment mais ils se sont arrêtés après leur déménagement.

Mantiveram-se a par do que aconteceu com os seus vizinhos por um tempo, mas eles pararam depois que eles se mudaram.

j'ai essayé de lui parler mais elle est très discrète

Tentei falar com ela, mas ela é muito discreta

Tu dois arrêter avant qu'il ne soit trop tard.

Você tem que parar antes que seja tarde demais.

Il m'a insulté devant mes amis, je vais lui rendre la monnaie de sa pièce.

Ele me insultou na frente dos meus amigos, eu vou devolvê-lo gosto do próprio remédio.

Elle m'en veut parce que j'ai été promu à sa place.

Ela está com raiva de mim porque eu fui promovido no lugar dela.

Ils se sont mariés six mois seulement après leur rencontre.

Casaram-se apenas seis meses depois de se conhecerem.

Nous allons devoir tâter le terrain avant de leur demander une faveur

Vamos ter que testar as águas antes de chegarmos a elas pedir um favor

Il vivait à cent à l'heure et il est mort jeune.

Viveu a cem quilómetros por hora e morreu jovem.

Il attend toujours que tout lui tombe tout cuit dans le bec.

Continua à espera que tudo lhe caia na boca.

j'aimerais que mon fils prenne exemple sur ta fille

Gostaria que o meu filho seguisse o seu exemplo

Ses résultats scolaires se sont améliorés à pas de géant.

Os seus resultados académicos melhoraram a passos largos.

Ne t'inquiète pas de ce qu'il dit, il n'a aucun argument valable.

Não se preocupe com o que ele diz, ele não tem nenhum argumento válido.

Il me fait marcher depuis quelques jours à propos de nos prochaines vacances.

Ele tem me acompanhado por alguns dias sobre nossas próximas férias.

Jean-Marc s'est donné beaucoup de mal pour organiser l'anniversaire de sa mère.

Jean-Marc não mediu esforços para organizar o aniversário de sua mãe.

Ils ont essayé d'étouffer le problème mais l'information s'est finalement ébruitée.

Tentaram encobrir o problema, mas a informação finalmente saiu.

Ils ont révélé ses secrets quand ils ont découvert ses vieux journaux intimes.

Eles revelaram seus segredos quando descobriram seus antigos diários.

Le bébé s'est endormi tout de suite

O bebé adormeceu de imediato

j'avais la gorge serrée quand elle s'est éloignée.

Minha garganta estava apertada quando ela se afastou.

EXPRESSIONS IDIOMATIQUES niveau II

EXPRESSÕES IDIOMÁTICAS nível II

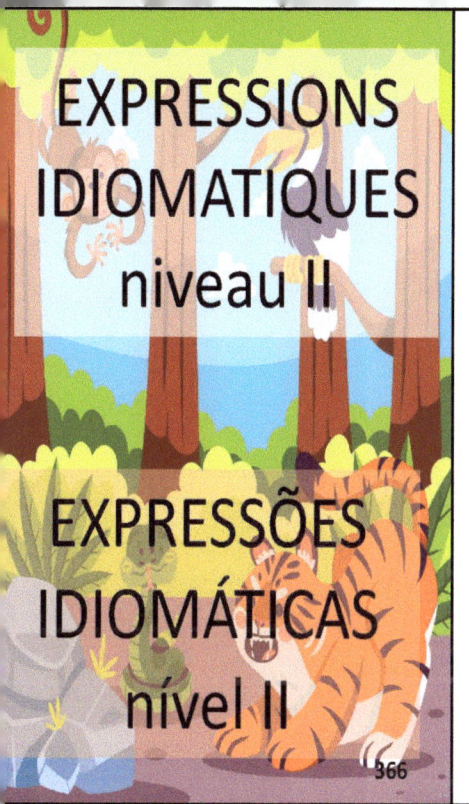

---

un compte à régler quand on veut parler à quelqu'un de quelque chose d'ennuyeux qu'il a fait. Je suis vraiment bouleversée. J'ai un compte à régler avec vous. Vous avez de nouveau utilisé ma voiture, sans ma permission.

uma pontuação para acertar quando você quer falar com alguém sobre algo chato que eles fizeram. Estou muito chateado. Eu tenho uma pontuação para acertar com você. Você usou meu carro novamente, sem minha permissão.

Êtes-vous prêt à partir ?
Oui, je suis prêt !
Être épuisé (fatigué).
Je suis épuisé à la fin de la journée.

Você está pronto para ir?
Sim, estou pronto!
Estar exausto (cansado).
Estou exausta no final do dia.

Tout à coup, un homme de grande taille avec un manteau noir entra dans la pièce.

De repente, um homem alto de casaco preto entrou na sala.

Quelque chose de très facile à faire. Courir un semi-marathon ? Du gâteau! Un jeu d'enfant.

Algo muito fácil de fazer. Correr uma meia maratona? Bolo ! Brincadeira de criança.

En règle générale : une règle qui n'est pas basée sur la science, mais sur l'expérience personnelle Une bonne règle de base est d'ajouter 10 œufs et un kg de farine pour faire des crêpes.

Como regra geral: uma regra que não se baseia na ciência, mas na experiência pessoal Uma boa regra é adicionar 10 ovos e um kg de farinha para fazer panquecas.

Il était moins une quand quelque chose de grave a failli arriver.
J'ai failli rater mon vol pour Los Angeles. Il était moins une.

Ele era menos de um quando algo grave quase aconteceu. Quase perdi meu voo para Los Angeles. Ele era menos um.

Plus facile à dire qu'à faire, il est plus facile de parler de quelque chose que de le faire réellement. Arrêter de fumer est plus facile à dire qu'à faire.

Mais fácil dizer do que fazer, é mais fácil falar sobre algo do que realmente fazê-lo. Parar de fumar é mais fácil dizer do que fazer.

De temps en temps, assez souvent, régulièrement
De temps en temps, je me promène au bord de la mer.

De vez em quando, muitas vezes, regularmente
De vez em quando, ando à beira-mar.

Tous les deux jours : Je prends une douche tous les jours, mais je ne me lave les cheveux qu'un jour sur deux.

Dia sim, dia não: tomo banho todos os dias, mas só lavo o cabelo dia sim, dia não.

En présentiel : en personne
J'ai vraiment besoin de te voir face à face avant d'aller plus loin dans notre relation.

em pessoa : presencial
Eu realmente preciso vê-lo cara a cara antes de irmos mais longe em nosso relacionamento.

En désaccord avec : ne pas être d'accord avec.
Mon voisin et moi sommes constamment en désaccord l'un avec l'autre.

Discordo: Discordo.
Meu vizinho e eu estamos constantemente em desacordo um com o outro.

Une goutte d'eau dans l'océan : petite et insignifiante par rapport à l'ensemble. La promesse des États-Unis de verser 100 millions de dollars au fonds pour la forêt tropicale n'est qu'une goutte d'eau dans l'océan.

Uma gota no oceano: pequena e insignificante em comparação com o todo. A promessa dos EUA de US$ 100 milhões para o fundo da floresta tropical é apenas uma gota no oceano.

378

Pénible, casse pied : une personne qui vous agace.
Dave est casse pied. Il se moque constamment de moi

Chato, uma dor na bunda: uma pessoa que te irrita.
Dave é uma dor na bunda. Ele constantemente zomba de mim

379

Allez droit au but : commencez à parler de la chose la plus importante.
S'il vous plaît, arrêtez de tourner autour du pot. Allez droit au but !

Vá direto ao ponto: comece a falar sobre o mais importante. Por favor, pare de bater no mato. Vá direto ao ponto!

380

Servez-vous : pour donner la permission de faire ou de prendre quelque chose.
Si vous avez faim, il y a beaucoup de nourriture dans le réfrigérateur. Servez-vous !

Use você mesmo: para dar permissão para fazer ou tomar algo.
Se você estiver com fome, há muita comida na geladeira. Use!

381

Deux secondes : soyez patient.
Je suis presque prêt à partir. Deux secondes !

Dois segundos: seja paciente.
Estou quase pronto para ir. Dois segundos!

À long terme : sur une longue période
L'achat d'un bien immobilier est une bonne décision à long terme.

Longo prazo: durante um longo período de tempo
Comprar um imóvel é uma boa decisão a longo prazo.

Tout d'abord, avant tout : les questions les plus importantes doivent être traitées avant toute autre chose
Par où commencer ? Tout d'abord, choisissons le meilleur endroit pour planter la tente.

Em primeiro lugar: as questões mais importantes têm de ser tratadas antes de mais nada
Por onde começar? Primeiro, vamos escolher o melhor lugar para montar a barraca.

Tout cela pour dire que : le facteur le plus important
Tout cela pour dire que c'est votre patron qui vous harcèle. Vous devriez démissionner.

Tudo isto para dizer que: o fator mais importante
Tudo isso para dizer que é o seu chefe que está te assediando. Deve demitir-se.

au tout dernier moment : juste à temps.
Sophia a terminé la chambre du bébé juste à temps.

no último momento: just in time.
Sophia terminou o quarto do bebé a tempo.

Donner matière à réflexion : quelque chose qui vaut la peine d'être réfléchi.
Ils aiment beaucoup cette chronique dans le journal ; Cela leur donne matière à réflexion.

Pense bem: algo em que vale a pena pensar.
Eles gostam muito desta coluna no jornal; Isto dá-lhes que pensar.

Merde, bonne chance !
souhaiter bonne chance, surtout avant une représentation
Ce soir, c'est la première du film.
Bonne chance!

Merda, boa sorte!
Desejo boa sorte, especialmente antes de uma apresentação
Esta noite é a estreia do filme.
Boa sorte!

Un petit mensonge : un mensonge sur une question sans importance
Mon frère avait l'habitude de raconter pas mal de petits mensonges quand il était enfant.

Uma pequena mentira: uma mentira sobre um assunto sem importância
Meu irmão costumava contar muitas pequenas mentiras quando era criança.

Et encore moins : sans parler de
La location d'un appartement à Londres coûte un bras et une jambe. Et encore moins d'en acheter un !

E menos ainda: para não falar
Alugar um apartamento em Londres custa um braço e uma perna. E menos ainda para comprar um!

Depuis un bail, des lustres : depuis très longtemps
Ma sœur vit en Australie depuis 4 ans. Je ne l'ai pas vue depuis des lustres !

Durante muito tempo, durante séculos: durante muito tempo
Minha irmã vive na Austrália há 4 anos. Eu não vejo isso há tempos!

Bien sûr, évidemment : lorsque vous accordez l'autorisation
Puis-je emprunter votre stylo s'il vous plaît ? Bien sûr !

Claro, claro: quando você concede permissão
Posso pedir a sua caneta emprestada, por favor? Claro!

À tous les niveaux : concernant tout et tout le monde
Cette décision créera un effet domino à tous les niveaux.

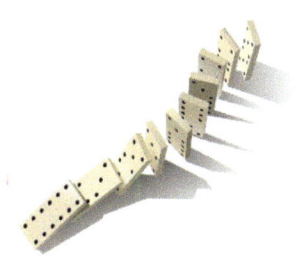

A todos os níveis: sobre tudo e sobre todos
Esta decisão criará um efeito dominó a todos os níveis.

Tiens, au fait : lorsque vous ajoutez quelque chose de nouveau, légèrement hors sujet, à une discussion en cours
L'autre jour, je lisais sur les voitures autonomes, et... Au fait, avez-vous acheté des légumes ?

A propósito: quando você adiciona algo novo, um pouco fora do tópico, a uma discussão em curso
Outro dia, eu estava lendo sobre carros autônomos e... A propósito, comprou legumes?

De zéro, à partir de rien : dès le début
J'ai construit le studio de mes rêves à partir de zéro. Cela m'a pris environ un an.

Do zero, do zero: desde o início
Construí o meu estúdio de sonho a partir do zero. Demorei cerca de um ano.

Être copains comme cochons : s'entendre vraiment
Maria et Dan sont copains comme cochons

Ser amigos como porcos: dar-se bem mesmo
Maria e Dan são amigos como porcos

Et voilà, ô surprise, utilisé pour exprimer l'émerveillement et la surprise
Nous venions de parler de Steve quand, ô surprise, il est entré dans la cuisine.

E lá está, oh surpresa, usado para expressar admiração e surpresa
Tínhamos acabado de falar de Steve quando, surpresa, ele entrou na cozinha.

Faire exprès, intentionnellement
Jacob a blessé sa petite sœur, mais c'était un accident. Il ne l'a pas fait exprès.

Intencionalmente,
Jacob feriu a irmã mais nova, mas foi um acidente. Ele não fez isso de propósito.

Sur le champ : immédiatement, sans délai. J'ai besoin de vous parler sur-le-champ.

Imediatamente, sem demora. Eu preciso falar com você agora.

Faites comme chez vous! : pour que quelqu'un se sente comme chez lui. Asseyez-vous, je vous prie. Faites comme chez vous!

Fica à vontade! : para fazer com que alguém se sinta em casa. Sente-se, eu te peço. Fica à vontade!

Une fois tous les trente-six du mois, de temps en temps :
Je vais acheter des vêtements de temps en temps, seulement quand je n'ai plus rien à porter.

Uma vez a cada trinta e seis do mês, de vez em quando:
Vou comprar roupa de vez em quando, só quando não tenho mais nada para vestir.

Pourrait tout aussi bien, autant : proposer de faire quelque chose.
Le vent s'est levé. Autant faire de la voile !

Poderia muito bem: propor-se a fazer alguma coisa.
O vento pegou. Você também pode ir velejar!

402

Faire partie intégrante : une partie essentielle et incontournable de quelque chose
La gestion de classe fait partie intégrante de mon métier d'enseignante.

Ser parte integrante: parte essencial e inevitável de algo
A gestão da sala de aula é parte integrante do meu trabalho como professor.

403

Tant pis, peu importe de dire à quelqu'un de ne pas s'inquiéter de quelque chose qui n'est pas si important. Oups, je viens de rater mon bus... Tant pis, je vais marcher.

Não importa, não importa se você diz a alguém para não se preocupar com algo que não é tão importante. Ops, eu só perdi meu ônibus. . . Não importa, eu vou andar.

404

Une sacrée somme d'argent, une grosse somme d'argent.
J'ai payé une sacrée somme d'argent pour cette nouvelle guitare.

Um inferno de muito dinheiro, uma grande quantidade de dinheiro.
Paguei muito dinheiro por esta nova guitarra.

405

Remettre à plus tard, lorsque vous refusez une invitation, en suggérant que vous seriez prêt à accepter plus tard. Je suis désolé de devoir remettre à plus tard. Peut-être la prochaine fois. Je suis trop occupé à travailler.

Procrastinar, quando você recusa um convite, sugerindo que estaria disposto a aceitar mais tarde. Lamento ter que adiar. Talvez da próxima vez. Estou muito ocupado trabalhando.

406

Tout de suite : immédiatement
Je suis en retard. Je dois partir tout de suite !

Imediatamente: imediatamente
Estou atrasado. Eu tenho que sair agora!

407

Nickel, impeccable : très propre
Je nettoie ma maison depuis trois heures. C'est impeccable maintenant

Níquel, impecável: muito limpo
Estou limpando minha casa há três horas. Está impecável agora

408

Vas - y doucement : pour vous détendre, être calme
Allez-y doucement mon ami. Vous vous mettez trop de pression.

Tenha calma: para relaxar, para estar calmo
Calma, meu amigo. Você coloca muita pressão sobre si mesmo.

409

Cela ne tient pas la route : n'a pas de sens, n'est pas raisonnable, n'est pas basé sur des faits
Cette théorie ne tient pas la route. C'est tout simplement absurde.

Não se sustenta: não faz sentido, não é razoável, não se baseia em factos
Esta teoria não se sustenta. Isto é simplesmente absurdo.

Contre vents et marées : contre toutes les circonstances
Quoi qu'il en coûte, je vous suivrai contre vents et marées.

Contra todas as probabilidades: contra todas as circunstâncias
O que for preciso, seguir-vos-ei contra todas as probabilidades.

Avoir les pieds sur terre : être honnête, direct, pratique. Parfois même en manque d'imagination et de fantaisie John a toujours été très terre-à-terre. Il voit toujours le bon côté de chaque personne.

Tenha os pés no chão: seja honesto, direto, prático. Às vezes, mesmo sem imaginação e fantasia, John sempre foi muito pé no chão. Ele sempre vê o lado bom de cada pessoa.

Être mal à l'aise : inconfortable
Ma patronne a fait un commentaire maladroit sur l'une de mes collègues qui l'a mise mal à l'aise.

Estar mal a vista : desconfortável
Minha chefe fez um comentário estranho sobre uma de minhas colegas de trabalho que a deixou desconfortável.

Être dans le pétrin : être en difficulté, se retrouver dans une situation difficile
Il a échoué en physique et il n'a pas parlé de ses notes à ses parents. Il est dans le pétrin maintenant.

Estar em apuros: estar em apuros, encontrar-se numa situação difícil
Reprovou em física e não contou aos pais sobre as notas. Ele está em apuros agora.

Prendre le taureau par les cornes : pour se forcer à faire quelque chose de désagréable
Nina va prendre le taureau par les cornes et aller rompre avec son petit ami.

Pegar o touro pelos cornos: forçar-se a fazer algo desagradável
Nina pegará o touro pelos chifres e terminará com o namorado.

Briser la glace : essayer de faire la conversation ou de raconter quelque chose de drôle lorsque vous rencontrez quelqu'un pour la première fois
Lorsque les gens sont arrivés, Chris a essayé de briser la glace en faisant de mauvaises blagues.

Quebrar o gelo: tentar conversar ou dizer algo engraçado quando conhece alguém pela primeira vez
Quando as pessoas chegavam, Chris tentava quebrar o gelo fazendo piadas de mau gosto.

Tourner autour du pot : essayer d'éviter de parler d'un sujet spécifique
Allez, parlez-moi. Arrêtez de tourner autour du pot.

Bater à volta do mato: tentar evitar falar sobre um tema específico
Vamos lá, fale comigo. Pare de bater no mato.

Ne pas être dans son assiette : se sentir mal
Je ne suis pas dans mon assiette ce matin.

Não estar no seu prato: sentir-se mal
Não estou na minha melhor forma esta manhã.

Une bonne fois pour toutes : enfin, pour la dernière fois
Nous devons nous attaquer à ce problème et régler les choses une bonne fois pour toutes.

De uma vez por todas: finalmente, pela última vez
Temos de resolver este problema e corrigi-lo de uma vez por todas.

Quand les poules auront des dents : quelque chose qui n'arrivera jamais
Mon équipe de football gagnera un match quand les poules auront des dents

Quando as galinhas têm dentes: algo que nunca vai acontecer
A minha equipa de futebol vai ganhar um jogo quando as galinhas tiverem dentes

---

À jour : conformément aux dernières informations.
La liste est à jour maintenant que nous avons ajouté les noms des nouveaux membres.

Atualizado: de acordo com as informações mais recentes.
A lista está atualizada agora que adicionámos os nomes dos novos membros.

Prometteur : progressant bien, en devenir.
Ce jeune garçon est un comédien prometteur.

Promissor: progredir bem, em construção.
Este jovem rapaz é um ator promissor.

En état de marche : fonctionnel
Opérationnelle.
La nouvelle usine de Tesla est enfin opérationnelle.

Em ordem de funcionamento: funcional
Operacional.
A nova fábrica da Tesla está finalmente operacional.

Fonctionner comme un charme : fonctionne parfaitement.
Ma vieille radio des années 1960 fonctionne toujours comme un charme.

Funciona como um encanto: funciona perfeitamente.
Meu antigo rádio dos anos 1960 ainda funciona como um encanto.

Dormir comme une bûche : dormir profondément.
Bonjour! Avez-vous bien dormi ? Ah oui, comme une bûche !

Durma como um tronco: durma profundamente.
Olá;! Dormiu bem? Ah, sim, como um tronco!

Être sur un petit nuage : se sentir extrêmement heureux et excité
Depuis leur mariage, Maria et Kev sont sur un petit nuage.

Estar na nuvem nove: sentir-se extremamente feliz e animado
Desde o casamento, Maria e Kev estão na nuvem nove

Travailler jusqu'à l'aube : étudier ou travailler très tard le soir
Je dois travailler jusqu'à l'aube pour terminer ma dissertation de philosophie.

Trabalhar até de madrugada: estudar ou trabalhar muito tarde da noite. Tenho de trabalhar até de madrugada para terminar a minha dissertação de filosofia.

Appeler un chat un chat : quand on parle clairement et directement de quelque chose
Soyons honnêtes : votre nouveau voisin est vraiment ennuyeux. Appelons un chat un chat.

Chamar as coisas pelos nomes: quando se fala clara e diretamente sobre algo
Vamos ser honestos: seu novo vizinho é realmente chato. Vamos chamar as coisas pelos nomes.

Se dégonfler, avoir la trouille : se sentir soudainement nerveux à propos de quelque chose que vous étiez censé faire. Il a grimpé tout le long du pont et a fini par se dégonfler. Le saut à l'élastique peut être une expérience éprouvante pour les nerfs.

Ficar com medo: De repente, sentir-se nervoso com algo que deveria fazer. Ele subiu até o convés e acabou esvaziando. Bungee jumping pode ser uma experiência desgastante.

Donner un coup de main.
Donnez-moi un coup de main, s'il vous plaît. Je dois déplacer cette machine à laver.

Dar uma mão. Dêem-me uma mão, por favor. Eu preciso mover esta máquina de lavar roupa.

S'arrêter là , décider d'arrêter de travailler .
Il est 23h00. Ce fut une journée productive. On s'arrête là pour aujourd'hui.

Pare por aí, decida parar de trabalhar.
São 23h00. Foi um dia produtivo. Vamos parar por aqui por hoje.

Cela coûte un bras, pour être très cher.
La location d'un appartement à Londres coûte un bras. Et encore moins d'en acheter un !

Custa um braço e uma perna, por ser muito caro.
Alugar um apartamento em Londres custa um braço e uma perna. E menos ainda para comprar um!

Gagner sa vie : gagner assez d'argent pour subvenir à ses besoins et à ceux de sa famille
Il gagne sa vie en nettoyant les maisons des gens.

Ganhar a vida: ganhar dinheiro suficiente para se sustentar a si e à sua família
Ele ganha a vida limpando as casas das pessoas.

Joindre les deux bouts : pour gagner juste assez d'argent pour survivre.
John a du mal à joindre les deux bouts en servant de la nourriture dans cet endroit effrayant

Fazer face às despesas: ganhar dinheiro suficiente para sobreviver.
John luta para sobreviver servindo comida neste lugar assustador

---

Faire une montagne d'une taupinière exagérer quelque chose d'insignifiant.
Mika a échoué à son test de plongeurs hier. Il est très contrarié à ce sujet. Il est clairement en train de faire une montagne d'une taupinière.

Fazer uma montanha a partir de um molehill exagera algo insignificante. Mika falhou ontem no teste de mergulhador. Ele está muito chateado com isso. Ele está claramente fazendo uma montanha de um molehill.

Se moquer de : rire de quelqu'un
Mon frère se moque toujours de moi parce que je ne sais pas siffler. Cela me rend fou.

Para tirar sarro: rir de alguém
Meu irmão sempre ri de mim porque eu não sei assobiar. Isso me enlouquece

---

Devenir fou, se lâcher, extrêmement excité.
Il est devenu fou quand il a appris qu'il avait gagné 20 000 livres à la loterie.

Enlouquecendo, soltando, extremamente animado.
Ele enlouqueceu quando soube que tinha ganhado 20.000 libras na loteria.

Suivre le mouvement : se mettre d'accord avec d'autres personnes pour faciliter les choses, accepter une situation
Il suffit de se détendre et de suivre le mouvement, il ne peut pas faire de mal.

Seguir o fluxo: concordar com outras pessoas para facilitar as coisas, para aceitar uma situação
Apenas relaxe e siga o fluxo, não pode doer.

ça me rend fou, pour agacer.
Cela me rend fou quand mon voisin passe l'aspirateur tard dans la nuit.

Isso me deixa louco, irritado.
Isso me deixa louco quando meu vizinho aspira tarde da noite.

Tomber dans le panneau, se faire piéger.
J'ai fait une blague à mon cousin Richard et il est immédiatement tombé dans le panneau.

Cair nele, ficar preso.
Eu fiz uma piada com meu primo Richard e ele imediatamente se apaixonou.

Manger un morceau : pour manger quelque chose.
Sur le chemin du retour après une soirée, il a mangé un morceau avec son plat à emporter indien préféré.

Para comer uma mordida: para comer alguma coisa.
No caminho para casa depois de uma noitada, ele teve uma mordida para comer com seu takeaway indiano favorito.

Se décider, prendre son parti, prendre une décision.
As-tu pris ton parti pour samedi soir ? Vous venez avec nous ?

Decidir, decidir, tomar uma decisão.
Já decidiu o sábado à noite? Vem connosco?

se tenir au courant, garder le contact.
Lors de leur premier rendez-vous, ils se sont embrassés et se sont promis de rester en contact.

mantenha-se atualizado, mantenha-se em contato.
No primeiro encontro, eles se beijaram e prometeram manter contato.

Connaître les ficelles du métier
Il travaille dans un garage et connaît les ficelles du métier lorsqu'il s'agit de réparer des voitures.

Conhecendo os truques do comércio
Trabalha numa garagem e conhece as cordas quando se trata de reparar carros.

Avoir le bec sucré, aimer le sucre envie de manger quelque chose de sucré.
Je ne mange jamais assez de chocolat. J'ai définitivement la dent sucrée.

Tem um dente doce, ama açúcar, quer comer algo doce.
Eu nunca posso comer chocolate suficiente. Eu definitivamente tenho um dente doce.

Dire quelque chose, faire penser à, mais vous n'êtes pas tout à fait sûr de ce que c'est.
Tiffani Amber Thiessen ? Oui, son nom vous dit quelque chose.

Diga algo, faça as pessoas pensarem, mas você não tem certeza do que é.
Tiffani Amber Thiessen? Sim, o seu nome toca uma campainha.

S'énerver ou se mettre en colère de manière inattendue
Mon patron s'est mis en colère pendant la réunion du matin. Il n'avait pas beaucoup dormi la nuit précédente.

Ficar chateado ou irritado inesperadamente
Meu chefe ficou irritado durante a reunião da manhã. Ele não tinha dormido muito na noite anterior.

Sur les nerfs : nerveux
Ça va ? Vous semblez un peu sur les nerfs ce soir.
Qu'est-ce qui ne va pas ?

Sobre os nervos: nervoso
Está bem? Você parece estar um pouco nervoso esta noite.
Qual é o problema?

Suivre les traces de quelqu'un : faire les mêmes choses que quelqu'un que l'on admire a fait avant.
Il a suivi les traces de son oncle en devenant comédien.

Seguir os passos de alguém: fazer as mesmas coisas que alguém que você admira já fez antes.
Seguiu os passos do tio ao tornar-se ator.

Être pris en flagrant délit, la main dans le sac.
Marie a essayé de tricher lors de son examen de maths. Elle a été prise en flagrant délit.

Ser apanhado em flagrante.
Mary tentou enganar seu exame de matemática. Ela foi presa em flagrante.

Adorer faire quelque chose, s'éclater à.
J'adore couper du bois pendant l'hiver.

Adorar fazer alguma coisa, divertir-se.
Adoro cortar madeira durante o inverno.

Charlie a presque révélé le secret devant Anthony

Charlie quase revelou o segredo na frente de Anthony

METEO

METEOROLOGIA

Il pleut toujours là-bas

Ainda está chovendo lá

Je n'aime pas la pluie

Não gosto da chuva

C'est une journée glaciale aujourd'hui

Hoje é um dia gelado

C'était une matinée brumeuse

Era uma manhã nebulosa

Il y a eu une soudaine baisse de température

Houve uma queda brusca de temperatura

Il y a une soudaine montée de la température

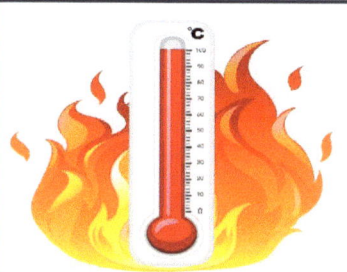

Há um aumento súbito da temperatura

Il va pleuvoir

Vai chover

Il est sur le point de pleuvoir

Está prestes a chover

Il a plu à verse toute la journée

Choveu forte durante todo o dia

Je pense qu'il bruine un peu

Acho que está chuviscando um pouco

Il neige souvent en hiver

Muitas vezes neva no inverno

C'est une journée venteuse aujourd'hui

Hoje é um dia ventoso

Il pleut à verse toute la journée  Chove forte durante todo o dia	L'éclair a frappé l'arbre  O raio atingiu a árvore
Le soleil se lève à six heures  O sol nasce às seis horas	Le soleil se couche à huit heures  O sol põe-se às oito horas

C'était une soirée très froide

Foi uma noite muito fria

C'était une journée pluvieuse

Foi um dia chuvoso

Maintenant le ciel est clair

Agora o céu está limpo

Cette plaine est complètement plate

Esta planície é completamente plana

La rosée brille au soleil  O orvalho brilha ao sol	L'orage approche très vite  A tempestade está se aproximando muito rapidamente
Quelle est la météo pour aujourd'hui ?  Como está o tempo para hoje?	La température est montée au-dessus de zéro  A temperatura subiu acima de zero

Il y a une soudaine baisse de la température  Há uma queda brusca na temperatura	L'eau a complétement gelé  A água congelou completamente
La température est descendue au-dessous de zéro  A temperatura caiu abaixo de zero	Il y a une énorme congère devant la maison  Há um enorme deslizamento de neve na frente da casa

Tout sur la maison et les appartements

Tudo sobre a casa e apartamentos

Avoir une maison à soi est le rêve de tout homme sain de corps et d'esprit.

Ter uma casa própria é o sonho de todo homem saudável no corpo e na mente.

La plupart des gens vivent dans une maison dont ils ne sont pas propriétaires

A maioria das pessoas vive numa casa que não possui

Les moins riches louent une maison ou un appartement qui ne leur appartient pas

Os menos abastados alugam uma casa ou apartamento que não lhes pertence

Le propriétaire d'une maison loue aux locataires qui paient un loyer chaque mois

O proprietário de uma casa aluga a inquilinos que pagam aluguel todos os meses

490

Le bail fixe les conditions dans lesquelles le propriétaire loue sa maison et le montant du loyer à payer le jour du terme.

O contrato de arrendamento estabelece as condições em que o proprietário aluga a sua casa e o montante da renda a pagar no dia do prazo.

491

Si le locataire ne paie pas son loyer, le propriétaire peut le mettre à la porte, mais il ne peut le faire sans lui donner son congé

Se o inquilino não pagar a renda, o senhorio pode expulsá-lo, mas não pode fazê-lo sem avisá-lo

492

Certains propriétaires ont soit des appartements meublés, soit des chambres à louer. Ils accueillent des locataires ou des pensionnaires.

Alguns proprietários têm apartamentos mobilados ou quartos para alugar. Eles acolhem inquilinos ou pensionistas.

493

Lorsqu'une personne ne peut pas rester dans une maison, elle doit déménager et en chercher une autre. Un déménagement n'est pas une affaire simple.

Quando uma pessoa não pode ficar em uma casa, ela tem que sair e procurar outra. Mudar não é uma questão simples.

Si un homme est assez riche, il peut soit acheter une maison, soit en faire construire une.

Se um homem é rico o suficiente, ele pode comprar uma casa ou mandar construir uma.

Si une personne achète une maison, elle s'adresse à un agent immobilier qui a une liste de maisons à vendre.

Se uma pessoa está a comprar uma casa, vai a um agente imobiliário que tem uma lista de casas à venda.

Si la personne choisit de faire construire une maison, elle s'adresse à un architecte qui lui propose un site et dessine le plan pour la concevoir.

Se a pessoa optar por construir uma casa, recorre a um arquiteto que propõe um local e elabora o plano para projetá-lo.

L'entrepreneur fournit les matériaux de construction et les ouvriers. Un chantier est ouvert.

L'entrepreneur fournit les matériaux de construction et les ouvriers. Un chantier est ouvert.

Les premiers ouvriers, à l'aide de pioches et de pelles, creusent les fondations.

Os primeiros trabalhadores, usando picaretas e pás, cavaram as fundações.

Du ciment est posé dans les fondations et soutiendra les murs

O cimento é colocado nas fundações e suportará as paredes

Les maçons construisent la maison avec des pierres ou des briques reliées entre elles par du mortier.

Os pedreiros constroem a casa com pedras ou tijolos ligados entre si por argamassa.

Au fur et à mesure que les murs grandissent, des échafaudages sont montés. Une isolation est installée.

À medida que as paredes crescem, andaimes são erguidos. O isolamento está instalado.

502

Les murs des grands bâtiments sont généralement en béton ou en béton armé

As paredes de grandes edifícios são geralmente feitas de concreto ou concreto armado

503

Être propriétaire d'une maison est mieux que d'en être le locataire et ça revient moins cher en fin de compte

Possuir uma casa é melhor do que alugá-la e é mais barato no final

504

Préférez-vous une maison à la campagne ou un appartement en ville ?

Prefere ter uma casa no campo ou um apartamento na cidade?

505

Quand il faut déménager, on doit souvent habiter dans un meublé pendant quelques semaines avant d'emménager dans la nouvelle maison

Quando você tem que se mudar, muitas vezes você tem que viver em um apartamento mobiliado por algumas semanas antes de se mudar para a nova casa

---

L'utilisation du bois à des fins de construction est appelée bois de construction. Les charpentiers fabriquent la charpente d'un toit. Il sera recouvert soit de tuiles, soit d'ardoises. Le travail est confié aux carreleurs ou aux ardoisiers.

O uso da madeira para fins de construção é chamado de madeira. Os carpinteiros fazem a estrutura de um telhado. Será coberto com telhas ou ardósias. O trabalho é confiado a ladrilheiros ou trabalhadores de ardósia.

Les menuisiers ont une quantité considérable de travail à faire. Ils scient des planches. Ils les rendent lisses au moyen d'un rabot

Os carpinteiros têm uma quantidade considerável de trabalho a fazer. Viram pranchas. Eles os tornam lisos por meio de um avião

---

Les petits morceaux de bois qui s'envolent sont les copeaux. Les menuisiers utilisent un marteau pour enfoncer des clous, un tournevis pour poser des vis, puis ils percent des trous.

Os pequenos pedaços de madeira que voam são as aparas. Os carpinteiros usam um martelo para cravar pregos, uma chave de fenda para acertar parafusos e, em seguida, fazem furos.

Le plombier installe les lavabos, les baignoires et les robinets de toutes sortes. Ils soudent les tuyaux entre eux et permettent à l'eau froide et chaude de s'écouler jusque dans les évacuations

O encanador instala pias, banheiras e torneiras de todos os tipos. Eles soldam os tubos juntos e permitem que a água fria e quente flua para os ralos

---

Le serrurier installe les serrures qui sont nécessaires pour fermer les maisons à clé. Ils installent aussi les clôtures des jardins, les portails pour les voitures et les portillons.

O serralheiro instala as fechaduras que são necessárias para trancar as casas. Eles também instalam cercas de jardim, portões de carros e portões.

Le plâtrier aime plâtrer l'intérieur des murs. Ceux-ci sont ensuite peints ou blanchis à la chaux. Le peintre mélange sa peinture dans un seau. Il l'applique avec des pinceaux. Il doit souvent se tenir debout sur une échelle.

O estucador gosta de rebocar o interior das paredes. Estes são então pintados ou caiados de branco. O pintor mistura a sua tinta num balde. Ele aplica-o com pincéis. Ele muitas vezes tem que ficar em pé em uma escada.

Les murs peuvent également être tapissés. C'est l'œuvre du colleur de papier peint. Le vitrier met les vitres.

As paredes também podem ser colocadas sob papel de parede. É o trabalho do colar papel de parede. O vidraceiro coloca nas janelas.

L'électricien installe le câblage électrique dans toute la maison. il pose les prises et mets des lampes partout où cela est nécessaire.

O eletricista instala fiação elétrica em toda a casa. Ele coloca as tomadas e coloca lâmpadas sempre que necessário.

Vous ne pouvez pas vous installer dans votre maison tant que le tapissier et le marchand de meubles ne l'ont pas rendu habitable. Vous pouvez enfin emménager et inviter vos amis à la pendaison de crémaillère.

Você não pode se mudar para sua casa até que o estofador e o revendedor de móveis a tornem habitável. Você pode finalmente se mudar e convidar seus amigos para o aquecimento da casa.

Malgré un nombre considérable de maisons en construction, le problème du logement est loin d'être résolu.

Apesar de um número considerável de casas em construção, o problema da habitação está longe de ser resolvido.

Il y a encore trop de bidonvilles épouvantables et de gens qui vivent dans des pièces sales et surpeuplées.

Ainda há muitas favelas terríveis e pessoas vivendo em quartos sujos e superlotados.

De nombreuses maisons délabrées ont besoin d'être démolies. D'autre part, de nombreuses maisons ont été bombardées pendant la dernière guerre.

Muitas casas degradadas precisam ser demolidas. Por outro lado, muitas casas foram bombardeadas durante a última guerra.

Des préfabriqués ont été installés à la hâte et sont toujours utilisés, malgré les grands lotissements qui ont vu le jour à l'extérieur de toutes les grandes villes.

Edifícios pré-fabricados foram instalados às pressas e ainda estão em uso, apesar dos grandes conjuntos habitacionais que surgiram fora de todas as grandes cidades.

L'urbanisme a encore de nombreux problèmes à résoudre. Permettre de construire des logements sociaux obligatoires selon les villes et les régions

O planeamento urbano ainda tem muitos problemas para resolver. Permitir a construção de habitações sociais obrigatórias de acordo com cidades e regiões

Le fait est que les immeubles d'appartements et les immeubles HLM ne sont pas populaires auprès des Anglais. L'anglais moyen veut une maison pour lui-même.

O fato é que prédios de apartamentos e edifícios de habitação social não são populares entre os ingleses. O inglês médio quer uma casa para si.

Une maison moderne est généralement individuelle ou jumelée. C'est une maison à deux étages avec le rez-de-chaussée et le dernier étage pour l'étage supérieur.

Uma casa moderna é geralmente isolada ou geminada. É uma casa de dois andares com o piso térreo e o último andar para o piso superior

---

Une maison ayant un rez-de-chaussée seulement est un bungalow. En France on appelle ces maisons des maisons de plain-pied.

Uma casa com apenas um piso térreo é um bangalô. Na França, essas casas são chamadas de casas térreas.

D'habitude, les maisons ont toutes du mobilier, un jardin devant ou derrière la maison, un garage et une cave. parfois il y a un sous-sol, une cour et des grilles fermant la propriété.

Normalmente, todas as casas têm móveis, um jardim na frente ou atrás da casa, uma garagem e uma adega. Às vezes, há um porão, um pátio e portões que cercam a propriedade.

L'espace sous le toit est le grenier. S'il est éclairé par des fenêtres dans le toit, on l'appelle la mansarde. Au-dessus du toit s'élèvent les cheminées et très souvent, une antenne de télévision.

O espaço sob o telhado é o sótão. Se é iluminado por janelas no telhado, é chamado de sótão. Acima do telhado erguem-se as chaminés e, muitas vezes, uma antena de televisão.

Les gratte-ciels sur le modèle américain sont encore très rares dans les villes européennes.
Les tours font une trentaine d'étages mais pas plus, comme la Tour Montparnasse à Paris.

Arranha-céus ao estilo americano ainda são muito raros nas cidades europeias.
As torres têm cerca de trinta andares, mas não mais, como a Torre Montparnasse, em Paris.

Une maison a un certain nombre de pièces ou d'appartements qui sont soit petits et même minuscules, soit grands et spacieux ou commodes.

Uma casa tem um número de quartos ou apartamentos que são pequenos e até minúsculos, ou grandes e espaçosos ou convenientes.

Le plafond d'une pièce est soutenu par des poutres et des chevrons. Il est plus ou moins haut ou bas. Il y a des cloisons entre les différentes pièces. Vous marchez sur le sol.

O teto de uma sala é apoiado por vigas e caibros. É mais ou menos alto ou baixo. Existem divisórias entre as diferentes salas. Você anda no chão.

Si les fenêtres sont larges, et c'est le cas des fenêtres en saillie, les chambres sont claires. Si les fenêtres s'ouvrent sur une rue étroite, les pièces sont mal éclairées voire sombres.

Se as janelas são largas, e este é o caso das janelas salientes, os quartos são luminosos. Se as janelas se abrem para uma rua estreita, os quartos são mal iluminados ou até escuros.

Beaucoup de gens aiment décorer leurs rebords de fenêtre avec des pots de fleurs. Les maisons anglaises n'ont pas de volets. Les stores sont tirés à la place.

Muitas pessoas gostam de decorar os peitoris das janelas com vasos de flores. As casas inglesas não têm persianas. Em vez disso, as persianas são puxadas.

Si vous laissez plusieurs portes et fenêtres ouvertes, ou simplement entrouvertes, il y aura un courant d'air et les portes claqueront.

Se deixar várias portas e janelas abertas, ou simplesmente entreabertas, haverá um calado e as portas baterão.

La plupart des fenêtres anglaises, cependant, ne peuvent pas claquer parce que ce sont des fenêtres à guillotine qui glissent de haut en bas

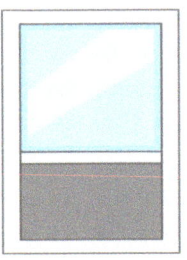

A maioria das janelas inglesas, no entanto, não pode bater porque são janelas de faixa que deslizam para cima e para baixo

---

NOURRITURE REPAS, BOISSONS

COMIDA, REFEIÇÕES, BEBIDAS

L'homme mange parce qu'il a faim. Il veut satisfaire sa faim.

O homem come porque tem fome. Ele quer saciar a sua fome.

L'homme boit parce qu'il a soif. Il a besoin d'étancher sa soif.

O homem bebe porque tem sede. Ele precisa saciar a sede.

Toute personne normale a de l'appétit quand vient le temps de s'asseoir à table

Toda pessoa normal tem apetite na hora de se sentar à mesa

Lorsqu'un garçon meurt de faim, la vue d'un aliment savoureux lui mettra l'eau à la bouche

Quando um menino morre de fome, a visão de comida saborosa vai fazer com que ele fique com água na boca

Les garçons et les filles sont souvent gourmands. Ils avaleront leur nourriture (c'est-à-dire avaleront sans la mâcher)

Os rapazes e as raparigas são muitas vezes gananciosos. Eles vão engolir a comida (ou seja, engolir sem mastigar)

538

Ils peuvent manger à se rendre malades. D'autres suceront des bonbons, des candies ou des glaces, toute la journée.

Podem comer para adoecer. Outros vão chupar doces, doces ou sorvetes, durante todo o dia.

539

Un gourmet, au contraire, est un homme qui aime la bonne chère, qui est pointilleux sur les différentes façons de cuisiner et d'apprêter les aliments.

Um foodie, por outro lado, é um homem que adora boa comida, que é exigente sobre as diferentes maneiras de cozinhar e preparar alimentos.

540

Certaines personnes peuvent se contenter d'un repas ou d'une collation frugale. D'autres ont besoin d'un repas substantiel.

Algumas pessoas podem ficar satisfeitas com uma refeição ou lanche frugal. Outros precisam de uma refeição substancial.

541

La nourriture peut être simple, soit insipide ou savoureuse. Dans tous les cas, elle doit toujours être saine, jamais mauvaise.

A comida pode ser simples, insípida ou saborosa. Em qualquer caso, deve ser sempre saudável, nunca ruim.

Avant chaque repas, la table doit être mise. Tout d'abord, la nappe est posée ou des dessous individuels sont placés directement sur la table.

Antes de cada refeição, a mesa deve ser posta. Primeiro, a toalha de mesa é colocada ou a roupa interior individual é colocada diretamente sobre a mesa.

Le service de table, c'est-à-dire les assiettes et les plats) est fait de faïence ou de porcelaine.

O serviço de mesa, ou seja, os pratos e pratos) é feito de faiança ou porcelana.

Ce n'est pas tout le monde qui mange dans de la vaisselle d'argent ou d'or !

Nem todo mundo come de pratos de prata ou ouro!

Les couverts seront apportés sur un plateau ou un chariot à dîner. Il comprend les fourchettes, les cuillères et les couteaux

Talheres serão trazidos em uma bandeja ou carrinho de jantar. Inclui garfos, colheres e facas

546

La soupe est servie dans la soupière, la salade dans un saladier. Il y a une serviette ou un essuie-main pour chaque personne.

A sopa é servida no tureen, a salada em uma saladeira. Há uma toalha ou toalha de mão para cada pessoa.

547

En Angleterre, il y a en général une petite assiette spécialement utilisée pour le pain, car il n'est jamais mangé directement sur la nappe

Na Inglaterra, existem um prato pequeno especialmente usado para pão, porque nunca é comido diretamente da toalha de mesa

548

Les tranches de pain peuvent être coupées dans la miche, ou des petits pains sont fournis.

Fatias de pão podem ser cortadas do pão ou pães são fornecidos.

549

Lorsqu'un petit pain est cassé, des miettes tombent sur l'assiette. Le pain peut être frais ou rassis

Quando um coque é quebrado, migalhas caem no prato. O pão pode ser fresco ou obsoleto

---

Les gens boivent souvent de l'eau ou du vin à table, hormis les cafés et thés qu'ils boivent en dehors

As pessoas costumam beber água ou vinho à mesa, exceto os cafés e chás que bebem ao ar livre

---

Le café est versé de la cafetière, le lait de la cruche à lait. le café est réconfortant et ravigote. Il est bu dans toutes les circonstances de la vie

O café é derramado da cafeteira, o leite do jarro de leite. O café é reconfortante e rejuvenescedor. Está bêbado em todas as circunstâncias da vida

---

Le café est naturellement amer et il faut ajouter du sucre pour le rendre sucré. Les morceaux de sucre sont dans le sucrier

O café é naturalmente amargo e deve ser adicionado açúcar para torná-lo doce. Os cubos de açúcar estão na tigela de açúcar

Le thé est la boisson nationale des Anglais.

O chá é a bebida nacional dos ingleses.

554

Lorsque la maîtresse de maison sert le thé, elle réchauffe la théière avec de l'eau chaude.

Quando a senhora da casa serve o chá, ela aquece o bule com água quente.

555

Pour préparer le thé, utilisez une cuillerée à café de thé pour chaque personne et une pour la théière

Para fazer o chá, use uma colher de chá para cada pessoa e outra para o bule

556

Vous devez infuser le thé pendant 3 à 5 minutes et le verser dans de l'eau bouillante

Você precisa mergulhar o chá por 3 a 5 minutos e despejá-lo em água fervente

557

Vous devez verser du thé dans chaque tasse à thé, placée sur une soucoupe, et ajouter du sucre et du lait ou de la crème.

Você deve derramar chá em cada xícara de chá, colocado em um pires, e adicionar açúcar e leite ou creme.

Nous faisons passer les tasses de thé après avoir recouvert la théière d'un couvre-théière, et lorsque les tasses sont vides, elles sont remplies à nouveau à partir de la théière.

Passamos as xícaras de chá depois de cobrir o bule com um chá aconchegante, e quando as xícaras estão vazias, elas são recarregadas do bule.

Il n'y a généralement rien de plus que de l'eau pour accompagner un repas. Il est versé l'eau de la cruche dans les verres. Le vin est un luxe dans la plupart des pays

Normalmente, não há nada mais do que água para acompanhar uma refeição. A água do jarro é despejada nos copos. O vinho é um luxo na maioria dos países

Les boissons que les gens aiment sont le porto, les vins de Bourgogne ou de Bordeaux, les vins du Rhin et le champagne. La plupart nécessite un tire-bouchon pour ôter le bouchon de la bouteille, et les vins sont généralement servis dans des verres spéciaux.

As bebidas que as pessoas gostam são vinhos do Porto, Borgonha ou Bordéus, vinhos do Reno e champanhe. A maioria requer um saca-rolhas para remover a cortiça da garrafa, e os vinhos são geralmente servidos em copos especiais.

La bière est proposée dans plusieurs pays comme la France, l'Allemagne, la Belgique, l'Angleterre et les Pays-Bas. Blonde, brune, ambrée ou noire, elle titre des degrés différents selon les régions du Monde.

A cerveja é oferecida em vários países, como França, Alemanha, Bélgica, Inglaterra e Holanda. Loira, castanha, âmbar ou preta, tem graus diferentes consoante a região do mundo.

A part la bière, les différentes boissons alcoolisées sont le cidre, le brandy, le gin, le whisky et toutes les liqueurs. Les personnes qui ne boivent pas du tout d'alcool sont des antialcoolique.

Além da cerveja, as várias bebidas alcoólicas são sidra, aguardente, gin, uísque e todos os licores. As pessoas que não bebem álcool são antialcoólicas.

Au lieu de prendre deux grands repas uniques, les Anglais en prennent plusieurs petits. Le petit-déjeuner ouvre la journée, après cela le déjeuner en milieu de journée et le dîner le soir

Em vez de fazer duas grandes refeições individuais, os ingleses comem várias pequenas. O café da manhã abre durante o dia, depois do almoço no meio do dia e do jantar à noite

---

Le repas de midi s'appelle le déjeuner. Peu de personnes en activité le prennent à la maison. Il se présente généralement sous la forme de pain de mie tranché avec une bouteille d'eau ou de soda

A refeição do meio-dia chama-se almoço. Poucas pessoas em atividade levam em casa. Geralmente vem na forma de pão sanduíche fatiado com uma garrafa de água ou refrigerante

Les différents modes de cuisson sont soit le rôti, soit le bouilli, soit une grillade ou une cuisson à l'étuvée, soit en friture.

Os diferentes métodos de cozedura são assados, cozidos, grelhados ou cozidos, ou fritos.

La viande est soit crue, soit cuite, soit tendre ou dure, maigre ou grasse. Quand elle est cuite, la viande est à point, saignante ou trop cuite. Il peut y avoir du jus de viande selon les modes de cuisson. Elle est mise dans une saucière

A carne é crua, cozida, tenra ou dura, magra ou gorda. Quando cozida, a carne é média-rara, rara ou cozida em excesso. Pode haver sucos de carne, dependendo dos métodos de cozimento. Ela é colocada em um barco de molho

Les condiments sont le sel et le poivre, l'huile et le vinaigre, de la moutarde, des sauces ou des condiments, et des cornichons. Tous sont généralement faits pour relever les plats comme l'ail, l'oignon, le piment ou le persil.

Os condimentos incluem sal e pimenta, óleo e vinagre, mostarda, molhos ou condimentos e picles. Todos eles são geralmente feitos para apimentar pratos como alho, cebola, pimenta ou salsa.

On distingue les légumes fleurs (artichaut, chou-fleur, brocoli), les légumes feuilles (chou, épinard, salade endive, blette), les légumes fruits (concombre, aubergine, courgette, tomate), les légumes à bulbe (oignon, échalote, ail) et les légumes tubercules (topinambour, pomme de terre)

É feita uma distinção entre vegetais floridos (alcachofra, couve-flor, brócolos), vegetais folhosos (repolho, espinafres, alface endívia, acelga), legumes frutíferos (pepino, berinjela, abobrinha, tomate), legumes bulbosos (cebola, chalota, alho) e tubérculos (alcachofra de Jerusalém, batata

Les desserts sont tous les plats sucrés comme les entremets, le riz au lait, le pudding, le flan, la tarte, la confiture, un gâteau ou une pâtisserie ou des biscuits

As sobremesas são todos pratos doces, como sobremesas, arroz doce, pudim, flan, torta, geléia, bolo ou pastelaria ou biscoitos

LA VIE DOMESTIQUE

VIDA DOMÉSTICA

Lorsqu'un visiteur vient rendre visite à M. Smith, il pousse la porte du jardin, puis se dirige vers la porte d'entrée. Il se tient sur le seuil de la porte et sonne ou frappe avec le heurtoir de porte, comme ceci : toc toc toc

Quando um visitante vem visitar o Sr. Smith, ele abre o portão do jardim e depois vai para a porta da frente. Ele fica na porta e toca ou bate com o batedor de porta, assim: knock knock knock

---

Lorsque M. Smith quitte sa maison, il verrouille la porte, met l'alarme en marche et, à son retour, il met la clé dans le trou de la serrure et déverrouille la porte. Il éteint l'alarme. La nuit, il verrouille la porte.

Quando o Sr. Smith sai de casa, tranca a porta, liga o alarme e, quando regressa, coloca a chave no buraco da fechadura e destranca a porta. Ele desliga o alarme. À noite, tranca a porta.

Lorsque la porte d'entrée est ouverte, le visiteur se retrouve dans le hall. Il y a un porte-manteau sur lequel il peut accrocher son chapeau et son manteau. Au fond du hall, il voit l'escalier qui mène au dernier étage. Il y a aussi un couloir.

Quando a porta da frente é aberta, o visitante encontra-se no corredor. Há um cabide no qual ele pode pendurar o chapéu e o casaco. No final do salão, ele vê a escadaria que leva ao último andar. Há também um corredor.

Le visiteur sera introduit dans le salon ou dans la salle de séjour ou salon. C'est la pièce où se déroule la vie de famille. D'où son autre nom, le living room.

O visitante será apresentado à sala de estar ou à sala de estar ou lounge. É a sala onde a vida familiar acontece. Daí o seu outro nome, a sala de estar.

La poignée de main est une mode continentale. Lorsque les visiteurs sont accueillis, on leur dira « mettez-vous à l'aise ». Il y a en effet deux fauteuils confortables et une chaise profonde ou un canapé avec des coussins moelleux.

O aperto de mão é uma moda continental. Quando os visitantes são recebidos, ser-lhes-á dito para "sentir-se confortável". Há de facto duas poltronas confortáveis e uma cadeira profunda ou sofá com almofadas macias.

La chambre est douillette et confortable. Un tapis profond recouvre le sol. Bien qu'il y ait probablement un rideau à la fenêtre, les meubles modernes sont généralement simples.

O quarto é acolhedor e confortável. Um tapete profundo cobre o chão. Embora provavelmente haja uma cortina na janela, os móveis modernos geralmente são simples.

PROVERBES

PROVÉRBIOS

Ventre affamé n'a point d'oreilles

Ventre em jejum não ouve a nenhum

La faim est le meilleur des cuisiniers

A fome é o melhor cozinheiro

La qualité se révèle à l'usage

A qualidade revela-se no uso

Il y a loin de la coupe aux lèvres

Há um longo caminho desde o copo até aos lábios

A bon vin point d'enseigne

Um bom vinho sem sinal

Quand le vin est tiré, il faut le boire

Quando o vinho é tirado, deve ser bebido

Les affaires sont les affaires.

Amigos, amigos, negócios à parte.

L'appétit vient en mangeant.  Comer e coçar, tudo está em começar.	L'argent est le nerf de la guerre.  O dinheiro é o nervo da guerra.
L'argent n'a pas d'odeur.  O dinheiro não tem cheiro	Avoir les yeux plus gros que le ventre.  Ter olhos maiores do que a barriga.

Courir deux lièvres à la fois.	Faire d'une pierre deux coups

Correndo duas lebres ao mesmo tempo.	Para matar dois pássaros com uma cajadada

La fin justifie les moyens.	La foi transporte les montagnes.

Os fins justificam os meios.	A fé move montanhas.

La fortune sourit aux audacieux.

A fortuna sorri para o audacioso.

Gouverner c'est prévoir.

Governar é prever.

Grâce à Dieu, tout est possible.

Graças a Deus, tudo é possível.

Un homme averti en vaut deux.

Um homem prevenido vale por dois.

Il n'y a que les montagnes qui ne se rencontrent jamais.

Há apenas montanhas que nunca se encontram.

Impossible n'est pas français.

Impossível não é francês.

Les jours se mesurent à ce qu'on fait.

Os dias medem-se pelo que fazemos.

Le monde appartient à ceux qui se lèvent tôt.

O mundo pertence àqueles que se levantam cedo.

Les petits ruisseaux font les grandes rivières.

Pequenos riachos fazem grandes rios.

Quand on veut, on peut.

Onde há vontade, há um caminho.

Qui ne risque rien, n'a rien.

Quem não arrisca nada não tem nada.

Qui veut la fin veut les moyens.

Quem quer o fim quer os meios.

Qui veut voyager loin, ménage sa monture.

Se você quiser viajar longe, você deve cuidar do seu cavalo.

La raison du plus fort est toujours la meilleure.

O poder tem razão.

L'ami de mon ami est mon ami.

O amigo do meu amigo é meu amigo.

Mieux vaut être seul que mal accompagné.

Melhor estar sozinho do que em más companhias.

610

Les petits cadeaux entretiennent l'amitié.

Pequenos presentes mantêm a amizade viva.

611

Qui a bon voisin a bon matin.

Quem tem um bom vizinho tem um bom dia.

612

Il n'y a pas de fumée sans feu

Onde há fumaça, há fogo

613

Malheureux au jeu, heureux en amour.

Infeliz no jogo, feliz no amor

Qui part à la chasse perd sa place.

Quem vai caçar perde o seu lugar.

On ne peut faire boire un âne qui n'a pas soif.

Você não pode fazer uma bebida de burro se ele não estiver com sede.

Mettre la charrue devant les bœufs.

Pôr a carroça em frente aos bois.

Prendre le taureau par les cornes.

Pegar o touro pelos cornos.

Qui vole un oeuf vole un boeuf.

Quem rouba um ovo rouba um boi.

Avoir d'autres chats à fouetter.

Tenha outros peixes para fritar.

Appeler un chat un chat.

Chamar as coisas pelo nome.

Chat échaudé craint l'eau froide.

Uma vez mordido, duas vezes tímido.

Les chiens ne font pas des chats.

Os cães não fazem gatos.

Il ne faut pas réveiller un chat qui dort.

Você não quer acordar um gato dormindo.

Un tient vaut mieux que deux tu l'auras

Um na mão é melhor do que dois na mão

La nuit, tous les chats sont gris.

Todos os gatos são cinzentos no escuro.

Quand le chat n'est pas là, les souris dansent.

Quando os gatos não estão em casa, os ratos passeiam por cima da mesa.

Chien qui aboie ne mord pas.

Um cão que ladra não morde.

Les chiens aboient et la caravane passe.

Os cães ladram e a caravana passa.

Les loups ne se mangent pas entre eux.

Os lobos não são comidos não entre eles.

Ménager la chèvre
et le chou.

Poupando a cabra
e repolho.

Faute de grives,
on mange des merles.

Por falta de sapinhos,
Nós comemos melros.

Une hirondelle ne fait
pas le printemps.

Uma andorinha não faz
verão.

Il ne faut pas mettre tous
ses œufs dans le même
panier.

Não deve colocar todos
os ovos no mesmo cesto.

Petit poisson deviendra grand, pourvu que Dieu lui prête vie.

Os peixes pequenos tornar-se-ão grandes, desde que Deus lhes dê vida.

Il ne faut pas vendre la peau de l'ours avant de l'avoir tué.

Não contes com os ovos no cu da galinha.

On n'apprend pas à un vieux singe à faire des grimaces.

Você não pode ensinar novos truques a um cão velho.

On n'attrape pas les mouches avec du vinaigre.

Você não pega moscas com vinagre.

On ne prend pas les mouches avec du vinaigre, mais avec du miel

As moscas não são capturadas com vinagre, mas com mel

Abondance de biens ne nuit point.

A abundância de bens não prejudica.

L'argent ne fait pas le bonheur.

O dinheiro não compra a felicidade.

La parole est d'argent, le silence est d'or.

O sono é prata, o silêncio é dourado.

642

Pierre qui roule n'amasse pas mousse.

Pedra que muito rola, não cria musgo.

643

Plaie d'argent n'est pas mortelle.

Silver Wound não é fatal.

644

Qui paye ses dettes s'enrichit.

Quem paga suas dívidas fica mais rico.

645

Vouloir c'est pouvoir.

Onde há vontade há um caminho.

Dans l'adversité, on connaît ses amis.

Na adversidade, você conhece seus amigos.

À toute chose, malheur est bon.

Para todas as coisas, o infortúnio é bom.

Au royaume des aveugles, les borgnes sont rois.

No reino dos cegos, os de um olho só são reis.

De deux maux, il faut choisir le moindre.

De dois males, devemos escolher o menor.

C'est la goutte d'eau qui fait déborder le vase.

Esta é a palha que quebra as costas do camelo.

La curiosité est un vilain défaut.

A curiosidade matou o gato.

Deux avis valent mieux qu'un.

Duas cabeças pensam melhor do que uma.

Les murs ont des oreilles.

As paredes têm ouvidos.

Le jeu n'en vaut pas la chandelle.

É maior o gasto que o proveito.

Méfiance est mère de sûreté.

A desconfiança é a mãe da segurança.

Qui ne fait rien n'a rien.

Nada ganhou, nada.

Qui ne risque rien, n'a rien.

Quem não arrisca nada não tem nada.

À cœur vaillant rien d'impossible.

Com um coração valente nada é impossível.

662

L'exactitude est la politesse des rois.

A precisão é a polidez dos reis.

663

La nuit porte conseil.

Amadurecer a ideia.

664

On a souvent besoin d'un plus petit que soi.

Muitas vezes precisamos de alguém menor do que nós.

665

On n'est jamais si bien servi que par soi-même.

Se você quer que algo seja feito corretamente, faça você mesmo.

Patience et longueur de temps font mieux que force ni que rage.

Paciência e tempo são melhores do que força ou raiva.

Péché avoué est à moitié pardonné.

O pecado confessado é meio perdoado.

Personne n'est parfait.

Ninguém é perfeito.

Qui va lentement, ménage sa monture.

Aquele que vai devagar, poupa o cavalo.

Tourner sa langue sept fois dans sa bouche avant de parler.

Torça a língua sete vezes na boca antes de falar.

Tout vient à point nommé pour qui sait attendre.

Tudo chega na hora certa para quem sabe esperar.

Apporter de l'eau à son moulin.

Trazendo grist para o seu moinho.

Avoir plus d'une corde à son arc. Tenha mais de uma corda no seu arco. 674	Bien mal acquit ne profite jamais. Ganhos ilícitos nunca lucram. 675
Les bons comptes font les bons amis. As contas certas Faça bons amigos. 676	C'est au pied du mur qu'on connaît le maçon. É ao pé do muro que conhecemos o pedreiro. 677

C'est en forgeant qu'on devient forgeron.

A prática leva à perfeição.

Chose promise, chose due.

Escolheu promessa, escolheu devido.

Les cordonniers sont les plus mal chaussés.

Os filhos do sapateiro andam sempre descalços.

Dix fois sur le métier, remettre son ouvrage

Dez vezes no trabalho, entregue o seu trabalho

Il faut battre le fer quand il est chaud.

Você tem que bater no ferro quando está quente.

Il ne faut pas jeter le manche après la cognée.

Você não deve jogar a alça depois do machado.

La plus belle fille du monde ne peut donner que ce qu'elle a.

A menina mais bonita do mundo só pode dar o que tem.

Qui sème le vent récolte la tempête.

Semeie o vento e colha o redemoinho.

Qui s'y frotte s'y pique.

Quem se esfrega nela é picado.

À vaincre sans péril, on triomphe sans gloire.

Triunfo sem perigo não traz glória.

De la discussion jaillit la lumière.

Da discussão vem à luz.

Envoyer quelqu'un sur les roses.

Manda alguém nas rosas.

L'union fait la force. Unidos estamos, divididos caímos.	Mieux vaut prévenir que guérir. Mais vale prevenir que remediar.
Œil pour œil, dent pour dent. Olho por olho, dente por dente.	Nul n'est prophète dans son pays. Santo de casa não faz milagre.

Les plaisanteries les plus courtes sont les meilleures.

As piadas mais curtas são as melhores.

Comme on fait son lit, on se couche.

Quando se faz a cama, vai-se para a cama.

Être logés à la même enseigne.

Estar no mesmo barco.

Petit à petit l'oiseau fait son nid.

De pequenos golpes caíram grandes carvalhos.

Qui se ressemble s'assemble.

Diz-me com quem andas e dir-te-ei quem és.

Ça ne casse pas trois pattes à un canard.

Não quebra as pernas de um pato.

l'oisiveté est mère de tous les vices.

O ócio é a mãe do todos os vícios.

après la pluie le beau temps

Depois da tempestade vem a bonança

Chassez le naturel, il revient au galop

O leopardo não pode mudar suas manchas

Cœur qui soupire n'a pas ce qu'il désire

Um coração que suspira não tem o que deseja

en avril ne te découvre pas d'un fil

Em abril, não se descubra por um fio

il ne faut pas dire fontaine, je ne boirai pas de ton eau.

Não devo dizer fonte, não beberei a vossa água.

il ne faut pas remettre au lendemain ce qu'on peut faire le jour même  Não podemos adiar para amanhã o que podemos fazer no mesmo dia	Qui se ressemble s'assemble  Diz-me com quem andas e dir-te-ei quem és
Dis-moi qui tu fréquentes, et je te dirai qui tu es.  Diga-me com quem você sai, e eu lhe direi quem você é	Œil pour œil, dent pour dent  Olho por olho, dente por dente

Rien ne sert de courir, il faut partir à point.

Lento e constante vence a corrida.

Ne remets jamais au lendemain ce que tu peux faire le jour même.

Nunca adie para amanhã o que pode fazer no mesmo dia.

EXPRESSIONS IDIOMATIQUES niveau III

EXPRESSÕES IDIOMÁTICAS nível III

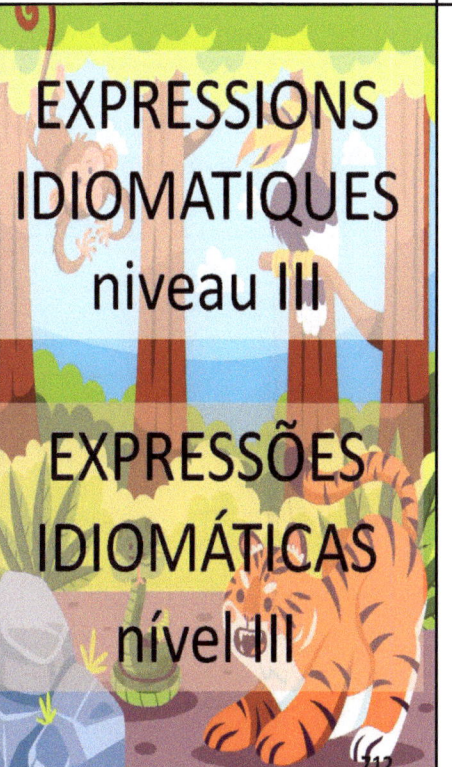

Je n'ai pas le temps.
C'est l'heure.
Je n'ai pas de temps à perdre.

Não tenho tempo.
Está na hora.
Não tenho tempo a perder.

Rechercher.
J'ai cherché mon stylo toute la journée.

Investigação.
Tenho procurado a minha caneta o dia todo.

Je vais chercher ma mère à la gare, où elle arrive à sept heures.

Vou buscar a minha mãe à estação, onde ela chega às sete horas.

Je m'occupe de mon fils et du ménage

Eu cuido do meu filho e das tarefas domésticas

Il ne participe pas à cette conférence.

Não participou nesta conferência.

Fait attention, il est drôlement fûté.

Tenha cuidado, ele é muito inteligente.

Il lui a demandé à brûle pourpoint si elle voulait l'épouser.

Perguntou-lhe à queima-roupa se ela queria casar-se com ele.

Je mange à la fortune du pot.

Eu como pela fortuna da panela.

Les Volkswagen se vendent comme des petits pains.

Os Volkswagens estão a vender como bolos quentes.

La robe te va comme un gant.

O vestido encaixa-se como uma luva

Il a vraiment le béguin pour elle

Ele realmente tem uma queda por ela

Ça s'arrose !

Vamos celebrar!

Ça c'est le comble du culot !

Esse é o cúmulo do nervosismo!

Et bien sûr, c'est encore moi le dindon de la farce, Il va avoir de mes nouvelles

E claro, eu ainda sou o peru na piada, Ele vai ouvir de mim

L'envoi se compose de trois paquets.

A remessa consiste em três pacotes.

J'organise un cocktail vendredi. Je compte sur vous.

Estou organizando um coquetel na sexta-feira. Conto convosco.

Depuis que sa femme l'a quitté, il file un mauvais coton

Desde que sua esposa o deixou, ele tem fiado um algodão ruim

Il boit comme un trou  Ele bebe como um peixe	Que vous le croyez ou non  Acredite ou não
Il doit avoir le bras long pour avoir obtenu le telephone en deux semaines  Ele deve ter um braço longo para ter conseguido o telefone em duas semanas	Il se plaint du prix élevé de l'essence.  Ele reclama do alto preço da gasolina.

C'est clair comme de l'eau de roche

É cristalino

A la maison, il tire toujours la couverture à lui

Em casa, ele sempre puxa o tapete de baixo dele

J'aime avoir affaire à des gens qui jouent carte sur table

Gosto de lidar com pessoas que põem as cartas na mesa

Dès qu'il aura passé l'arme à gauche, ils encaisseront l'héritage

Assim que ele passar a arma para a esquerda, eles vão lucrar com a herança

Ne coupez pas les cheveux en quatre !

Não divida cabelos!

Nous allons ensemble contre vents et marées

Vamos juntos contra todas as probabilidades

Ne raccrochez pas s'il vous plaît.

Por favor, não desligue.

On demande Mr Müller au guichet numéro sept

Pedimos o senhor deputado Müller ao balcão número sete

M. Müller est recherché par la police

Müller é procurado pela polícia

Elle m'a laissé tomber

Ela me dececionou

Un instant, je vais y réfléchir

Por um momento, vou pensar sobre isso

En allemagne, les femmes ne portent que rarement la culotte

Na Alemanha, as mulheres raramente usam calcinhas

Avec ça, il n'a fait que jeter de l'huile sur le feu

ACom isso, ele só jogou óleo no fogo

Ce n'est pas la peine d'essayer avec elle. Elle connaît la musique

Não vale a pena tentar com ela. Ela conhece música

En amour, comme à la guerre, tous les coups sont permis

Tudo é justo no amor e na guerra

Il fait ses études à l'école des Beaux-Arts

Estudou na Escola de Belas Artes

Il se souviens très bien en son enfance

Lembra-se muito bem da sua infância

Attendez une minute, j'ai le mot sur le bout de la langue

Espere um minuto, eu tenho a palavra na ponta da língua

J'étais désespéré, et cette nouvelle m'a donné le coup de grâce

Eu estava desesperada, e essa notícia me deu o golpe de misericórdia

On ne peut pas tout avoir, il y a une limite à tout.

Você não pode ter tudo, há um limite para tudo.

Il a laissé entendre qu'il prendrait bientôt sa retraite

Ele deu a entender que vai se aposentar em breve

Cela te remonte le moral

Isso anima-te

Ne vous faites pas de mauvais sang

Não penses nisso

A voir votre tête, j'en déduis que votre voyage, n'a pas été agréable.

Pelo olhar no seu rosto, deduzo que a sua viagem não foi agradável.

Il n'est pas bien élevé, il boit toujours sa bière à la bouteille.

Ele não é bem comportado, ele sempre bebe sua cerveja da garrafa.

Depuis que sa femme est malade, il broie du noir.

Desde que sua esposa está doente, ele tem chorado.

Elle a piqué une crise quand il le lui a dit

Ela deu um ataque quando ele lhe disse

C'est là que le bât blesse

É aqui que reside o problema

Je suis triste d'avoir un mauvais bulletin.

Fico triste por ter um boletim ruim.

Pierre se moque de sa sœur parce qu'elle porte une minijupe

Peter tira sarro da irmã porque ela está usando uma minissaia

Si vous lui graisser la patte, il s'en chargera sûrement.

Se você untar a pata dele, ele provavelmente vai cuidar dela.

C'est facile comme bonjour, ce n'est pas sorcier.

É fácil como torta, não é ciência de foguete.

Ah, c'est apprendre ou à laisser.

Ah, é aprender ou sair.

Il m'a suivi toute la journée, et c'est seulement dans le grand magasin que j'ai pu lui fausser compagnie.

Ele me acompanhou o dia todo, e foi apenas na loja de departamentos que eu consegui fazer companhia a ele.

C'est une oie blanche, elle n'a aucune idée de ce qu'elle fait

É um ganso branco, não faz ideia do que está a fazer

C'était ennuyeux comme tout mais j'ai bu la coupe jusqu'à la lie

Foi chato como o inferno, mas eu bebi o copo para a escória

La voiture est entrée en collision avec un camion anglais.

O carro colidiu com um camião inglês.

Touchons du bois et que tout se passe bien.

Vamos bater na madeira e deixar tudo correr bem.

Tu sais bien que le dimanche papa fait la grâce matinée?

Sabia que no domingo o pai faz a graça da manhã?

Nous sommes logés à la même enseigne.

Estamos no mesmo barco.

Dans cet accident, il en a été quitte pour la peur.

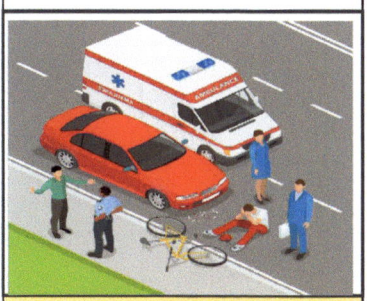

Neste acidente, ficou com medo.

Joindre l'utile à l'agréable

Combinar negócios com prazer

Ouf !, vous m'avez ôté un grand poids.

Ufa!, você tirou um grande peso de mim.

Tels sont les faits. À vous juger.

Estes são os factos. Para julgá-lo.

Il est complètement dingue, il a une case en moins.

Ele é completamente louco, é uma caixa a menos.

Ne te laisse pas impressionner, il monte comme une soupe au lait.

Não se deixe impressionar, ela sobe como uma sopa de leite.

Il a laissé tomber sa femme et maintenant il habite chez sa petite amie.

Abandonou a mulher e agora vive com a namorada.

Oh !, il a dû se lever du pied gauche !

Ah, ele deve ter se levantado com o pé esquerdo!

Il a été licencié sans autre forme de procès.

Foi despedido sem mais delongas.

Arrêtez vos salades, personne ne vous croira.

Pare suas saladas, ninguém vai acreditar em você.

On connait ça, c'est un vieux truc.

Sabemos disso, é uma coisa antiga.

Il se dispute à propos de l'héritage de leur père.

Ele argumenta sobre a herança do pai.

Les hommes disent toujours que les femmes changent d'avis dix fois par jour.

Os homens sempre dizem que as mulheres mudam de ideia dez vezes por dia.

Il n'est pas question de les inviter ensemble

Não se trata de convidá-los juntos

En la jugeant, tu devrais tenir compte du fait, qu'elle a eu peu de possibilité dans sa vie

Ao julgá-la, você deve levar em conta o fato de que ela teve poucas oportunidades em sua vida

---

Je n'ai pas pu m'empêcher de rire

Não pude deixar de rir

Les jumeaux se ressemblent comme deux gouttes d'eau.

Os gémeos parecem duas gotas de água.

La nouvelle s'est répandue comme une traînée de poudre.

A notícia se espalhou como um incêndio.

Il y a des gens qui se mettent en colère sans raison

Há pessoas que se zangam sem razão

Envoyez-moi un mot pour que je sache que vous êtes bien arrivé.

Envie-me uma nota para que eu saiba que você chegou em segurança.

Si le patron l'apprend, c'est la fin des haricots, les carottes sont cuites.

Se o patrão descobrir, é o fim do feijão, as cenouras estão cozidas.

Elle n'est pas très bien, il vaut mieux la laisser tranquille

Ela não está muito bem, é melhor deixá-la em paz

Dites-moi ce qu'il y a, ne tournez pas autour du pot.

Diga-me qual é o problema, não bata à volta do mato.

Tout était merveilleux jusqu'à ce que je fasse une gaffe avec cette remarque idiote

Tudo foi maravilhoso até que eu cometi um erro com esse comentário bobo

Je suis d'accord avec cette proposition.

Concordo com esta proposta.

C'est un fan du football, il en est fou.

Ele é fã de futebol, é louco por isso.

En cas de panique, il est de première importance de garder son sang-froid.

Em caso de pânico, é de extrema importância manter a calma.

Chaque soir il fait une petite promenade, pour se dégourdir les jambes

Todas as noites ele faz uma pequena caminhada, para esticar as pernas

Il n'a vraiment pas de chance.

Ele é realmente azarado.

Elle met la charrue avant les bœufs.

Ela coloca a carroça à frente dos bois.

Il s'est sûrement passé quelque chose, sinon il serait déjà arrivé.

Certamente algo aconteceu, caso contrário já teria acontecido.

Cette Histoire d'amour va mal se terminer

Esta história de amor vai acabar mal

L'avocat a pu persuader les jurés de l'innocence de son client.

O advogado conseguiu convencer os jurados da inocência de seu cliente.

Il est tellement obsédé par les femmes, qu'il n'a jamais pu les traiter en partenaire dans les affaires.

Ele é tão obcecado por mulheres, que nunca foi capaz de tratá-las como um parceiro de negócios.

Il se croyait invité mais à la fin ce fût lui qui dû payer la douloureuse.

Pensou que tinha sido convidado, mas no final foi ele quem teve de pagar pela dor.

J'ai gratté mes fonds de tiroirs pour acheter les fleurs

Raspei as gavetas para comprar as flores

Vous ne devriez pas mettre tous les œufs dans le même panier.

Não deve colocar todos os ovos no mesmo cesto.

Cette affiche se voit à tout bout de champ.

Este cartaz pode ser visto a cada esquina.

Si tu sais faire ça, je te paie des prunes.

Se você souber como fazer isso, eu lhe pagarei ameixas.

Avant de mettre les fleurs dans le vase, il faut que tu le remplisses d'eau.

Antes de colocar as flores no vaso, você deve enchê-lo com água.

Ça sent la rose et le lilas

Cheira a rosas e lilás

Quand le chat n'est pas là, les souris dansent.

Quando os gatos não estão em casa, os ratos passeiam por cima da mesa.

Même si vous m'apportez une mauvaise nouvelle, dites la moi carrément.

Mesmo que me traga más notícias, diga-me sem rodeios.

Un malheur ne vient jamais seul.

Um mal nunca vem só.

Ne le croyez pas, il vous fait seulement marcher.

Não acredite nele, ele só faz você andar.

Être pris entre deux feux.

Ser apanhado no fogo cruzado.

Je voulais garder le secret de l'affaire, mais un collaborateur a vendu la mèche.

Eu queria manter o assunto em segredo, mas um funcionário derramou o feijão.

Elle avait toujours pensé qu'il était célibataire, il l'a vraiment mené en bateau.

Ela sempre achou que ele estava solteiro, ele realmente a levou para uma carona.

Regarder ou l'on met les pieds, voir quelle tournure prend l'affaire.

Para ver onde você coloca os pés, para ver como o caso está indo.

Rome ne fût pas bâti en un jour

Roma não se fez num dia

Chercher une aiguille dans une botte de foin.

À procura de uma agulha num palheiro.

La critique a complètement réduit la pièce en miette

Os críticos reduziram completamente a peça a smithereens

Je ne peux pas prendre cette décision à mon compte.

Eu não posso tomar essa decisão sozinho.

Vous ne vous en sortirez pas sain et sauf.

Você não vai sair dele são e salvo

Il en est réduit à ce travail complémentaire.

Reduz-se a este trabalho complementar.

Les deux sociétés étaient pour ainsi dire d'accord sur le contrat, quand l'une d'elle a tout à coup fait machine arrière

As duas empresas estavam praticamente de acordo sobre o contrato, quando uma delas voltou atrás repentinamente

830

A pâques ou à la trinité, quand les poules auront des dents.

Na Páscoa ou na Trindade, quando as galinhas terão dentes.

831

Aux innocents les mains pleines.

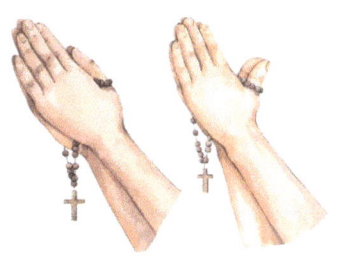

Sorte de principiante.

832

Le médecin m'a défendu de fumer.

O médico proibiu-me de fumar.

833

Je suis enthousiasmé par ma nouvelle voiture

Estou entusiasmado com o meu novo carro

J'ai fait équiper ma voiture de phares antibrouillard.

Tinha o meu carro equipado com faróis de nevoeiro.

Être sur des charbons ardents.

Para estar em brasas.

Ce n'est pas du tout pour cette raison, vous faites fausse route.

Não é por essa razão, você está no caminho errado.

C'est son plus beau vase, il y tient comme à la prunelle de ses yeux.

É o seu vaso mais bonito, agarra-o como se fosse a menina dos seus olhos.

Ça n'a ni queue ni tête, ça ne tient pas debout.

Não tem cabeça nem cauda, não se levanta.

Par chance, Guillaume m'a mis au courant de cet incident.

Felizmente, Guillaume informou-me deste incidente.

Il a le chic pour prendre les gens à rebrousse-poil

Ele tem um talento especial para pegar as pessoas de surpresa

Si vous voulez mon avis, il faut battre le fer tant qu'il est chaud.

Se você me perguntar, você tem que atacar enquanto o ferro está quente.

Quoi qu'il en soit, je ne veux plus la revoir.

De qualquer forma, não quero vê-la novamente

Ici encore le juste milieu est la meilleure solution. Ni trop long, ni trop court.

Mais uma vez, o meio dourado é a melhor solução. Não muito longo, não muito curto.

Vous ne pouvez pas résoudre ce problème, c'est la quadrature du cercle.

Você não pode resolver esse problema, é quadrar o círculo.

Sa réponse cinglante lui a bel et bien rabattu le caquet.

Sua resposta contundente realmente o derrubou.

Elle a la chance de son côté.

Ela tem a sorte do seu lado.

Ce n'est pas si grave que ça, vous en faites une montagne.

Não é tão ruim, você faz uma montanha com isso.

Chapeau ! Il se défend vraiment partout comme un chef.

Chapéu! Ele realmente se defende em todos os lugares como um líder.

Après l'examen, on va faire les quatre cents coups.

Depois do exame, vamos fazer os quatrocentos movimentos.

Aujourd'hui, nous commençons la première leçon.

Hoje começamos a primeira lição.

850

Il s'est informé auprès du syndicat d'initiative, des Curiosités de la ville.

Consultou o posto de turismo, o Curiosités de la ville.

851

Elle l'a bien promis. Reste à voir si elle tiendra sa promesse.

Ela prometeu. Resta saber se cumprirá a promessa.

852

Assez perdu de temps, maintenant il faut donner un coup de collier.

Tempo suficiente perdido, agora temos que experimentá-lo.

853

Réflexion faite, il s'est enfin décidé.

Depois de pensar sobre isso, ele finalmente se decidiu.

C'est un hypocrite. Il se montre rarement sous son vrai jour.

É um hipócrita. Ele raramente se mostra em sua verdadeira luz.

Les enfants ont toujours peur du méchant Loup.

As crianças têm sempre medo do lobo mau.

Il travaille à son prochain livre.

Ele está trabalhando em seu próximo livro.

Il ne voulait pas le dire, mais cela lui a échappé.

Ele não queria dizê-lo, mas escapou-lhe.

858

Je ne peux pas encore vous donner une réponse définitive, laissez-moi y réfléchir, la nuit porte conseil.

Ainda não posso dar uma resposta definitiva, deixe-me pensar sobre isso, a noite traz conselhos

859

Quand il m'a donné des réponses évasives, j'ai flairé quelque chose de louche.

Quando ele me deu respostas evasivas, eu cheirei algo peixinho.

860

Ne réveillez pas le chat qui dort.

Não acorde o gato adormecido

861

Appelez un chat un chat, les choses par leur nom.

Chame uma pá de espada, as coisas pelo nome.

862

Vous ne pouvez rien faire, les jeux sont faits.

Você não pode fazer nada, o jogo acabou.

863

Excusez-moi, mais votre nom, m'est sorti de la tête.

Desculpe-me, mas o seu nome saiu da minha cabeça.

864

Pas d'échappatoire, venez-en au fait.

Sem escapatória, vá ao ponto.

865

Loin, au diable Vauvert.

Longe, para o inferno com Vauvert.

Toute la journée, Jean a attendu sa petite amie, mais elle lui a posé un lapin.

Durante todo o dia, Jean esperou pela namorada, mas ela colocou um coelho nele.

Bien qu'il ne soit pas très riche, il renonce à sa part d'héritage.

Embora não fosse muito rico, abriu mão de sua parte da herança.

J'ai beau lui avoir dit non dix fois, il n'en démord pas.

Posso ter dito não dez vezes, mas ele não desiste.

Je suis persuadé qu'il l'a dit sans arrière pensée.

Estou convencido de que o disse sem pensar duas vezes.

Mon fils est un fin gourmet, il adore les choses sucrées.

Meu filho é um foodie, ele adora coisas doces.

C'est tout ce que je peux vous dire, tirez-en vos propres conclusions.

Isso é tudo o que posso lhe dizer, tire suas próprias conclusões.

Le gang travaillait dans le quartier avec succès depuis des années, quand les flics sont arrivés et ont tout flanqué par terre

A quadrilha atuava no bairro com sucesso há anos, quando os policiais chegaram e derrubaram tudo no chão

Il s'en est sorti de justesse.

Ele escapou por pouco.

Continuez à chercher vous brûlez.

Continue procurando por você queimar.

Après le divorce, il ne s'est pas soucié de ses enfants.

Após o divórcio, ele não se importava com os filhos.

Quand j'aurai soixante cinq ans, je cesserai le travail.

Quando tiver sessenta e cinco anos, deixarei de trabalhar.

Je vous paris à dix contre un, qu'il n'écrira pas.  Aposto dez a um, que ele não vai escrever.	Je pourrais me mordre la langue de le lui avoir dit.  Eu podia morder a língua por dizer a ele.
Elle parle tout le temps et empêche tout le monde de placer un mot.  Ela fala o tempo todo e impede que todos coloquem uma palavra.	Tu peux faire ton deuil de ce voyage.  Podem lamentar esta viagem.

Il tient la bride serrée à tous ses employés.

Ele mantém as rédeas apertadas sobre todos os seus funcionários.

Ils ont travaillé tous les trois à qui mieux mieux.

Os três trabalharam juntos

Il a été pris par l'émotion.

Ficou emocionado.

La querelle avec sa fiancée se termina par une réconciliation.

A briga com a noiva terminou em reconciliação.

Sous le soleil du désert Il aspire à boire de l'eau.

Sob o sol do deserto, Ele anseia por beber água.

La négociation dure depuis deux semaines déjà mais maintenant on en voit la fin

As negociações já decorrem há duas semanas, mas agora podemos ver o seu fim

N'en soufflez pas un mot quand vous la verrez.

Não respire uma palavra sobre isso quando vê-lo.

Vous m'enlevez le mot de la bouche, c'est exactement ce que je voulais dire.

Você tira a palavra da minha boca, foi exatamente isso que eu quis dizer.

La pauvre, elle est tombée de charybde en Scylla avec son deuxième mariage

Coitada, ela caiu de Caríbdis para Cila com seu segundo casamento

---

Elle a suée sang et eau avant son examen.

Suou sangue e água antes do exame.

Un journaliste connu écrit sur les évènements du Proche-Orient.

Um conhecido jornalista escreve sobre os acontecimentos no Médio Oriente.

Elle a sollicité une nouvelle place.

Ela pediu um novo lugar.

Il travaille toute la journée sans trêve ni repos

Trabalha o dia todo sem descanso nem pausa

Ça me semble bon, mais j'y regarderais à deux fois.

Parece bom para mim, mas eu pensaria duas vezes.

Si j'ai bonne mémoire, il viendra demain.

Se bem me lembro, ele virá amanhã.

Le programme de ce voyage a l'air très intéressant, si vous avez les moyens.

O programa desta viagem parece muito interessante, se você tiver os meios.

Il n'y aura pas d'autres solutions pour vous, que de vous armez de patience.

Não haverá outra solução para si que não seja munir-se de paciência.

Il est enfin entré dans ses frais.

Recuperou finalmente as despesas.

Je l'ai vu de mes propres yeux

Vi-o com os meus próprios olhos

Ne faites pas à autrui ce que vous ne voudriez pas qu'on vous fasse.

Não faça aos outros o que você não gostaria que eles fizessem com você

Crédule comme il est, il a gobé tout ce que l'orateur a dit.

Crédulo como está, engoliu tudo o que o orador disse.

Ne vous en faites pas, c'est en bonne voie.

Não se preocupe, está no caminho certo.

Je ne vais même pas à la campagne, et à plus forte raison à l'étranger.

Eu nem vou para o campo, quanto mais para o exterior.

Sa banque est très contente de lui, c'est l'homme qu'il faut à la place qu'il faut.

O banco dele está muito feliz com ele, ele é o homem certo no lugar certo.

Il nous a eu avec le contrat, mais nous l'aurons à notre tour.

Ele conseguiu-nos o contrato, mas nós vamos recebê-lo por sua vez.

906

Ils ont enfin fait table rase, et se sont réconciliés.

Finalmente fizeram uma tábua rasa e reconciliaram-se.

907

Le bébé étend les mains en direction des boules muticolores de l'arbre de Noël.

O bebé estende as mãos em direção aos balões multicoloridos da árvore de Natal.

908

Théoriquement je suis la patronne, mais en réalité je suis la bonne à tout faire.

Teoricamente eu sou o chefe, mas na realidade eu sou a empregada em tudo.

909

Je parie ma chemise que c'est faux.  Aposto na minha camisa que está errado.	Vous feriez mieux d'arrêter de boire, si vous voulez conduire.  É melhor parar de beber, se quiser dirigir.
Abandonnez, vous vous battez contre des moulins à vent  Desista, você está lutando contra moinhos de vento	Le patron se mouille pour elle, j'espère qu'il n'aura pas à payer les pots cassés.  O chefe está se molhando por ela, espero que ele não tenha que pagar pelo prejuízo.

En Amérique, tout est possible.

Na América, tudo é possível.

Il a vingt cinq ans bien sonnés, et il vit encore au crochet de ses parents.

Tem vinte e cinco anos e ainda vive no gancho dos pais.

Greta dit toujours du mal de ses voisins.

Greta fala sempre mal dos vizinhos.

Cette année, nous sommes invités à la fête de la bière. Il l'a invité à danser.

Este ano, somos convidados para a Oktoberfest. Convidou-a para dançar.

En Allemagne, on peut acheter ce modèle depuis longtemps déjà, dans d'autres pays il ne sortira que l'année prochaine.

Na Alemanha, você pode comprar este modelo por um longo tempo agora, em outros países ele só será lançado no próximo ano.

918

Le policier l'a cuisiné, mais il n'a rien dit.

O policial cozinhou, mas não disse nada.

919

Il a encore oublié son parapluie, il est toujours dans la lune.

Ele esqueceu seu guarda-chuva novamente, ele ainda está na lua.

920

Elle n'est pas seulement très vive, mais elle a aussi la réplique facile.

Ela não é apenas muito animada, mas também tem uma resposta fácil.

921

Dans les voyages dans l'espace, les Américains ont surclassé les Russes.

Nas viagens espaciais, os americanos superaram os russos.

Il est très efficace et se donne beaucoup de mal.

Ele é muito eficiente e faz grandes esforços.

La police criminelle contraint le truand à un aveux.

A polícia criminal obriga o mafioso a confessar.

Avant le déménagement, il ne pensait pas qu'il pourrait s'habituer à leur nouvelle maison.

Antes da mudança, ele não achava que seria capaz de se acostumar com a nova casa.

Voyez un peu comme il passe de la pommade à sans tante à héritage.

Veja como ele vai de pomada a tia para herança.

Je lui ai rendu son argent et maintenant nous sommes quittes.

Devolvi-lhe o dinheiro e agora estamos claros.

Il va malheureusement falloir que nous remettions notre rendez vous un autre jour car je n'ai pas le temps aujourd'hui.

Infelizmente, vamos ter de adiar a nossa consulta para outro dia porque não tenho tempo hoje.

Espérons qu'ils ne devront pas fermer le magasin, après tout, c'est leur seul gagne-pain.

Espero que eles não tenham que fechar a loja, afinal, é seu único sustento.

L'avocat a pu convaincre le jury de l'innocence de son client, alors qu'il était coupable

O advogado conseguiu convencer o júri da inocência de seu cliente, mesmo sendo culpado

930

C'est donné, l'avoir pour une bouchée de pain.

É um dado, tê-lo por uma ninharia.

931

Quand il s'agit de payer ses dettes, il se fait prier.

Quando se trata de pagar suas dívidas, ele é implorado.

932

Ce n'est pas son genre de faire une réponse pareille.

Não é seu estilo dar tal resposta

933

Voilà le téléphone qui sonne encore, c'est à devenir fou.

Aqui está o telefone tocando novamente, é para deixá-lo louco.

934

Je boirai bien un petit verre.

Vou tomar uma bebida.

935

Notre projet est malheureusement tombé à l'eau

Infelizmente, o nosso projeto fracassou

936

Depuis qu'il a épousé la fille de son patron, il est comme un coq en pâte.

Desde que se casou com a filha do patrão, tem sido como um galo.

937

Ne soyez pas jalouse de Greta, pour Hans il ne s'agit que d'une passade.

Não tenha ciúmes de Greta, para Hans é apenas um momento passageiro.

J'ai du flair pour des choses pareilles.

Eu tenho um talento para coisas assim.

Bien qu'il soit ingénieur diplômé, il ne lui arrive pas à la cheville.

Embora ele seja um engenheiro graduado, ele não é páreo para ele.

Son histoire est cousue de fil blanc.

A sua história é costurada.

Ce n'est sûrement pas lui qui l'a fait. J'en mettrez ma main au feu.

Ele certamente não fez isso. Vou pôr a mão no fogo.

942

Sa pauvre secrétaire, il lui en fait voir de toutes les couleurs.

Sua pobre secretária, ele a faz ver todas as cores.

943

Ne comptez pas sur lui si vous êtes dans la Panade.

Não conte com ele se estiver no Panade

944

Ne vous en faites pas, ça ne peut pas demeurer impuni. Tout se paie.

Não se preocupe, não pode ficar impune. Tudo tem de ser pago.

945

Nous devons aller au fond de cette affaire.

Temos de ir ao fundo desta questão.

1000 MOTS LES PLUS FREQUENTS

1000 PALAVRAS MAIS FREQUENTES

En fait, il faut pouvoir accepter de traverser la rivière. Il faut avouer que cette activité est à ajouter l'après-midi, sans avoir peur après un certain âge et au-dessus, et encore, contre votre volonté. Ah, vous n'êtes pas d'accord ! alors en avant toute !

Na verdade, você tem que ser capaz de aceitar atravessar o rio. Deve-se admitir que esta atividade deve ser adicionada no período da tarde, sem ter medo depois de uma certa idade e acima, e mesmo assim, contra a sua vontade. Ah, você não concorda! Então, vamos a todo vapor!

Devant elle, dans les airs, tous pouvaient se permettre aussi, et presque seul tout le long du chemin, d'être en colère. Déjà d'accord aussi, bien que toujours étonné, la colère se voyait, sans ennuyer un autre que lui, et pour se permettre de répondre à n'importe qui, de faire n'importe quoi dans l'appartement

A sua frente, no ar, todos também podiam dar-se ao luxo de estar zangados, e quase sozinhos todo o caminho. Já acordado, embora ainda surpreso, a raiva podia ser vista, sem incomodar ninguém além de si mesmo, e permitir-se responder a ninguém, fazer qualquer coisa no apartamento

Apparemment, il fait apparaître une zone en approche près du bras, ou autour, et il en arrive, comme toujours, à se demander s'il est endormi ou non. Alors il se met à attaquer, juste pour tenter l'attention de l'avocat, pour ma tante, qui évite de loin, un nouveau procès.

Aparentemente, ele faz aparecer uma área perto ou ao redor do braço, e ele passa a se perguntar, como sempre, se está dormindo ou não. Então ele começa a atacar, apenas para tentar a atenção do advogado, para minha tia, que evita um novo julgamento de longe.

950

Avec un bébé dans le dos dans un mauvais sac, la caution de la bande venait du bar. A peine si on se bat dans la salle de bain. Il est devenu beau, parce que le lit de la chambre avait été comme avant de commencer. Derrière la cloche, à croire que c'est à côté de lui, il fut assailli au mieux, en plus.

Com um bebê nas costas em uma bolsa ruim, a fiança da gangue veio do bar. Dificilmente se brigarmos no banheiro. Ficou lindo, porque a cama no quarto tinha sido como era antes de começar. Atrás da campainha, como se estivesse ao seu lado, foi agredido, na melhor das hipóteses, aliás.

951

Les gros chiens noirs mordent sans cligner des yeux, et nous bloque le sang bleu qui rougit sur le corps. C'est ce livre qui nous ennuie tous les deux et nous dérange un peu. Il parle de la bouteille cassée dans le fond de la boîte et du garçon sans cerveau qui devient notre petit ami, et se pause dans un souffle entre ciel et terre sans déranger.

Os grandes cães pretos mordem sem pestanejar e bloqueiam o sangue azul que avermelha o corpo. É este livro que nos irrita a ambos e nos incomoda um pouco. Ele fala sobre a garrafa quebrada no fundo da caixa e o menino sem cérebro que se torna nosso namorado, e faz uma pausa em uma respiração entre o céu e a terra sem perturbar

952

Le petit déjeuner permet de respirer, qu'on soit brillant ou fauché. Le frère brun a apporté une entreprise pour construire des bus. Mais Il faut les acheter, car ceux-ci brûlent ou éclatent. Ils sont apportés occupés, et on doit les brosser.

O pequeno-almoço permite-lhe respirar, quer esteja brilhante ou falido. O irmão pardo trouxe uma empresa para construir ônibus. Mas você tem que comprá-los, porque eles queimam ou estouram. Eles são trazidos ocupados, e eles devem ser escovados.

953

L'appel au calme est venu. On peut voir la voiture sur la carte. Le chat est attrapé par les enfants ou attrape les souris soigneusement. Il chasse et joue au cas par cas, vérifie que l'enfant porte la chaise sur la poitrine selon le cas, cause ou glousse dans la classe, dans la cellule ou en ville. Il doit changer, nettoyer, monter ou fermer les volets, c'est clair.

O apelo à calma chegou. Você pode ver o carro no mapa. O gato é capturado por crianças ou pega ratos com cuidado. Ele caça e brinca caso a caso, verifica se a criança está carregando a cadeira no peito conforme o caso, provoca ou ri na sala de aula, na cela ou na cidade. Ele tem que mudar, limpar, montar ou fechar as persianas, isso é claro.

L'université fournit des vêtements, du café s'il fait froid. La couleur qui vient est commentée par un ordinateur qui contrôle tout. Toutes les conversations des couples confus qui pleurent et craquent sont considérées comme cool.

A universidade fornece roupas, café se estiver frio. A cor que vem é comentada por um computador que controla tudo. Todas as conversas de casais confusos chorando e se desfazendo são consideradas legais.

La foule se soucie rarement de couvrir complétement le fou dont la coupe pourrait traverser les coins d'un canapé. Il est mignon de continuer contre le cours complet des choses

A multidão raramente se preocupa em cobrir completamente o tolo cujo corte pode passar pelos cantos de um sofá. É bonito ir contra o curso completo das coisas

En commentaire, la préoccupation complète, considère que le compteur de la couverture couvre une fissure. C'est une croix dans la tasse

No comentário, a preocupação completa, considera que o balcão do telhado cobre uma rachadura. É uma cruz na taça

Papa condamne la danse sombre de la fille morte. Elle traite la mort qui lui est chère, et décide au plus profond d'elle-même que définitivement, le bureau fait mourir.

Papai condena a dança sombria da menina morta. Ela lida com a morte que lhe é querida e decide no fundo do seu coração que, definitivamente, o ofício causa a morte.

C'est différent de dîner dans cette direction, et disparaître, pour faire soit comme un docteur, soit comme un chien, sans aucun doute vers le bas. On traîne, dessine, rêve, s'habille, boit, conduit, et laisse tomber, ou sécher, pendant un instant.

É diferente de jantar nessa direção, e desaparecer, fazer como um médico ou como um cachorro, sem dúvida para baixo. Saímos, desenhamos, sonhamos, vestimo-nos, bebemos, conduzimos e largamos, ou secamos, por um momento.

Chacun dresse l'oreille assez tôt, facilement. Il est facile de manger au bord de la table sinon dans le vide. La fin qui échappe en entier, même le soir, c'est apprécier assez, sans entrer, et surtout, éventuellement, jamais s'exciter.

Todo mundo levanta os ouvidos bem cedo, facilmente. É fácil comer à beira da mesa, se não no vazio. O fim que escapa por completo, mesmo à noite, é aproveitar o suficiente, sem entrar, e acima de tudo, eventualmente, nunca se empolgar.

C'est s'exclamer sans s'excuser comme tout le monde. Tout expliquer chaque fois sans attendre exactement une expression de l' œil, excepté peut-être un sourcil.

É exclamar sem pedir desculpas como todo mundo. Explique tudo de cada vez sem esperar por uma expressão exata do olho, exceto talvez uma sobrancelha.

Le fait que le visage soit tombé pas loin, n'est pas la faute du père. Il a quelques craintes, mais il est rapide avec ses pieds favoris qui sentent les champs. Son ressenti est un peu comme combattre une figure de feutre, sans se tromper

O facto de o rosto ter caído não muito longe não é culpa do pai. Ele tem alguns medos, mas ele é rápido com seus pés favoritos que cheiram a campos. Seu sentimento é um pouco como lutar contra uma figura sentida, sem cometer um erro

Enfin trouver un bien à prendre avec les cinq doigts en forme de crochet. Puis, d'abord retourner le sol à remplir de nourriture, fixer le flash et se concentrer sur la mouche en feu à suivre. Bon ajustement

Finalmente, encontre um bom para levar com os cinco dedos em forma de gancho. Em seguida, primeiro vire o chão para se encher de comida, conserte o flash e concentre-se na mosca em chamas a seguir. Bom ajuste

Trouver la force du pied pour oublier la forme, mise en avant par quatre amis libres de faire face plus loin et de froncer les sourcils pleins d'amusement, et drôle aussi. A vendre de face.

Encontrar a força do pé para esquecer a forma, apresentado por quatro amigos livres para enfrentar mais longe e franzir a testa cheia de diversão, e engraçado também. Para venda a partir da frente.

Ce jeu a donné des halètements, qui regarde doucement, et obtient de pouffer de rire entre filles. La petite amie donne un verre, contente de regarder avec éblouissement ce qui va vers Dieu.

Este jogo deu suspiros, que olha suavemente, e chega a rir com risos entre as meninas. A namorada dá uma bebida, feliz em olhar com deslumbramento para o que vai para Deus.

Le grand héros va bien. Il attrape des super souris vertes ou grises, qui sont tout sourire pour une poignée de main. Elles gémissent au sol et quand leur groupe grandi, elle se garde bien de deviner si le gars s'est saisi d'un pistolet . C'est un garde certainement.

O grande herói está bem. Ele pega ratos super verdes ou cinzas, que são todos sorrisos para um aperto de mão. Eles gemem no chão e quando o grupo cresce, ela tem o cuidado de não adivinhar se o cara pegou uma arma. Ele é um guarda com certeza.

La moitié des cheveux est tenue dans les mains par poignée. Dans le hall ou dans le couloir, il arrive de se pendre, la tête dure et heureuse d'entendre le cœur lourd tenu par la haine que j'ai entendu.

Metade do cabelo é segurado nas mãos pelo cabo. No salão ou no corredor, ele às vezes se pendre, com a cabeça dura e feliz por ouvir o coração pesado segurado pelo ódio que ouvi.

C'est l'enfer et elle est ici. Bonjour, aidez-moi, se dit-elle à elle-même. Hé, salut, cachez- moi en haut, comme lui se dit-il à lui-même. Et les sons tiennent et vont frapper à la maison

É um inferno e ela está aqui. Olá, me ajude, ela disse para si mesma. Ei, oi, esconda-me no andar de cima, como ele diz para si mesmo. E os sons seguram e vão bater em casa

J'espère que ce cheval se dépêche de se pendre à l' hôpital et qu'il est encore chaud à cette heure. La maison trouve cela énorme cependant d'étreindre un humain sans se blesser. Comment c'est possible, hein ! C'est suspendu à un fil, dépêche-toi !

Espero que este cavalo se apresse a enforcar-se no hospital e que ainda esteja quente a esta hora. A casa acha enorme, no entanto, abraçar um ser humano sem se machucar. Como isso é possível, hein! Está pendurado por um fio, apresse-se!

Une idée de glace si bien imaginée qu'elle s'ignore immédiatement. A la place, il y a l'intérêt qu'il y a d'interrompre à l'intérieur d'une veste le bruit que fait un jean pour un abruti

Uma ideia de gelo tão bem imaginada que é imediatamente inconsciente de si mesma.
Em vez disso, há o interesse de interromper dentro de uma jaqueta o barulho que o jeans faz para um idiota

970

Le travail rejoint la blague et saute juste pour garder la clé du coup de pied. L' enfant tue le genre par un baiser donné dans la cuisine à genou et frappe les esprits sans le savoir

O trabalho junta-se à brincadeira e salta apenas para guardar a chave do pontapé. A criança mata o gênero com um beijo dado na cozinha de joelhos e atinge os espíritos sem saber

971

La grande Dame dans ses terres n'est pas la dernière en retard. Elle rit de se voir en train de se coucher pour mener à bien cette mission et pour en apprendre le moins possible sur sa position. Au moins, elle se penche en avant et elle part, d'un regard de plomb

A grande dama da sua terra não é a última a atrasar-se. Ri-se ao ver-se deitada para cumprir esta missão e aprender o mínimo possível sobre a sua posição. Pelo menos ela se inclina para a frente e sai, com um olhar de chumbo

972

La jambe, comme dirigée vers la gauche, se lève pour laisser la lumière écouter sur les lèvres, les lettres s'allongent en ligne droite comme une vie de moins dirigée vers l'ascenseur

A perna, como se direcionada para a esquerda, ergue-se para deixar a luz ouvir os lábios, as letras alongam-se em linha reta como uma vida a menos direcionada para o elevador

973

Perdu le long d'un casier verrouillé et bruyant, je regarde vivre et perdre beaucoup du peu de déjeuner en bas. On entend un bruit fort et faible en même temps.

Perdido ao longo de um armário trancado e barulhento, assisto ao vivo e perco grande parte do pequeno almoço no andar de baixo. Você pode ouvir barulho alto e silencioso ao mesmo tempo.

974

le fou fait faire à l'homme, la matière qui se gère comme marquer un temps, se marier et se correspondre beaucoup, ce qui signifie peu de chose. C'est peut-être moi qui me suit rencontrer, avec le peu de marque qui a fait la différence. Il se peut.

O tolo faz o homem fazer a matéria que pode ser gerida, como marcar um tempo, casar e corresponder muito, o que significa pouco. Talvez seja eu a seguir-me para conhecer, com as poucas marcas que fizeram a diferença. Pode ser.

975

La mémoire des hommes se mentionne dans un milieu qui pourrait être un esprit, le mien. Une minute devant le miroir, mademoiselle et vous êtes déjà maman, par moment, sans argent chaque mois, mais de bonne humeur. Quelle puissance ce moment !

A memória dos homens é mencionada num meio que poderia ser um espírito, o meu. Um minuto em frente ao espelho, você e Mademoiselle já são mães, às vezes, sem dinheiro todos os meses, mas de bom humor. Que poder este momento!

976

De plus en plus, le matin la plupart des mères se bouchent les oreilles sans bouger, regardent beaucoup de film de maman qui marmonnent de la musique. Elles doivent murmurer mon nom ou un peu de moi-même en bougeant trop la bouche.

Cada vez mais, de manhã a maioria das mães tapa os ouvidos sem se mexer, assiste a muitos filmes de mães murmurando música. Eles têm que sussurrar meu nome ou um pouco de mim, mexendo demais a boca.

977

Jamais, un hochement de tête n'a été un besoin presque nerveux. C'est nouveau, agréable de nom, et cela suivant une nuit près du cou.

Nunca um aceno foi uma necessidade quase nervosa. É novo, agradável no nome, e isto depois de uma noite perto do pescoço.

Aucun bruit normal venant du nez ne se remarque. Maintenant ou pas, des avis sont en nombre. Rien qu'une note cependant.

Nenhum ruído normal do nariz é percetível. Agora ou não, há muitas opiniões. Apenas uma nota.

évidemment, on peut mettre en position off l'offre de bureau très souvent et tomber d'accord une seule fois sur un vieux qui ouvre seulement au bon moment ou pas.

Obviamente, você pode colocar a oferta de escritório na posição off com muita frequência e concordar apenas uma vez com uma antiga que só abre no momento certo ou não.

Un autre ordre que notre propre douleur est de peindre une paire de pantalon propre en noir, dans du papier pour la fête et passer sans le payer au dehors, et sans l'emballer au-dessus.

Outra ordem que não a nossa própria dor é pintar um par de calças limpas de preto, em papel para a festa e passar sem pagar por isso lá fora, e sem embrulhá-lo sobre ele.

Indiquer s'il vous plaît la poche ou les personnes parfaites peuvent choisir la photo et indiquer leur téléphone pour avoir peut-être une place dans la pièce et jouer. Tout est à prendre s'il vous plaît.

Por favor, indique o bolso onde as pessoas perfeitas podem escolher a foto e indique seu telefone para talvez ter um lugar na sala e jogar. Tudo é para ser tomado, por favor.

Autant que possible, mettre la puissance, pousser les manettes, résoudre le problème en appuyant pratiquement ou en faisant semblant d'être présent. Probablement, promettre de tirer ou de frapper la machine aussi jolie soit-elle.

Na medida do possível, coloque a potência, empurre as alavancas, resolva o problema praticamente pressionando ou fingindo estar presente.
Provavelmente, prometa atirar ou acertar a máquina, não importa o quão bonita ela seja.

---

la pluie sonne tranquillement et plutôt que d'atteindre tout à fait sa course, elle se lève vite comme si elle était prête à lire le réel

A chuva soa silenciosamente e, em vez de atingir o seu curso, ergue-se rapidamente como se estivesse pronta para ler a realidade

---

Il se souvient vraiment de la relation et se la répète. Il reconnaît tout et se détend tout en réalisant qu'il reste dans le rouge. Enfin il se raisonne et se rappelle les obligations qui subsistent

Ele realmente se lembra da relação e a repete para si mesmo. Ele reconhece tudo e relaxa ao perceber que ainda está no vermelho. Por fim, raciocina consigo mesmo e recorda as obrigações que restam

Il répond qu'il se repose et qu'il reviendra chevaucher quand il sentira se frotter à la route. A droite, on aperçoit la chambre. Il court en rond, et sonne sans se précipiter

Ele responde que está descansando e que voltará a pedalar quando sentir a estrada se esfregando nela. À direita, podemos ver o quarto. Ele corre em círculos e toca a campainha sem se apressar

986

Il est assis, en sécurité mais triste de s'asseoir en pareille circonstance. L'école cherche un second souffle et semble voir ce qu'il a dit. Se sauver, c'est peu dire. Il est effrayé et crie des mots qu'il envoi sur lui. Dire ce qu'il voit.

Ele está sentado, seguro, mas triste por se sentar em tais circunstâncias. A escola está à procura de um segundo vento e parece ver o que ele disse. Salvar-se a si mesmo é um eufemismo. Assusta-se e grita palavras que lhe envia. Diga o que ele vê.

987

Plusieurs chemises ont été envoyées sérieusement, pour régler plusieurs ombres, au moins sept. Elles ont un sens décalé qui fixe les idées de merde afin de les partager. Elle secoue le changement

Várias camisas foram enviadas a sério, para definir várias sombras, pelo menos sete. Eles têm um significado fora do comum que corrige ideias de merda para compartilhá-las. Agita a mudança

988

Le malade hausse les épaules et entre dans la boutique de chaussures. Un choc le secoue et il crie. C'est un tir sur l'épaule. Il a la respiration courte, ferme la plaie et pousse jusque dans la douche Il devrait se montrer fort d'un certain côté. Il est malade et se ferme.

O paciente encolhe os ombros e entra na sapataria. Um choque o abala e ele grita. É um tiro no ombro. Ele tem respiração curta, fecha a ferida e empurra para o chuveiro Ele deve ser forte de alguma forma. Ele está doente e desliga.

989

Dans un soupir presque silencieux, un monsieur célibataire et sa sœur se font un signe et s'assoie à la vue de tout le monde tout simplement. Sous le ciel bleu, légèrement, on entend depuis, glisser sur la peau six doigts dont la situation n'est pas de dormir mais plutôt de claquer

Com um suspiro quase silencioso, um único cavalheiro e sua irmã acenam um para o outro e simplesmente sentam-se à vista de todos. Sob o céu azul, ligeiramente, podemos ouvir seis dedos deslizando sobre a pele cuja situação não é dormir, mas sim estalar

990

Certains, d'une manière ou d'une autre, quelqu'un ou quelque chose, parfois, avec un sourire ou même un petit sourire satisfait, produit lentement une petite fumée douce sans claquement aucun. Alors, qu'est-ce, sinon un soupir lent qui vient du cœur.

Alguns, de alguma forma, alguém ou algo, às vezes, com um sorriso ou até mesmo um pequeno sorriso satisfeito, produz lentamente um pouco de fumaça suave sem qualquer estalo. Então, o que é, se não um suspiro lento que vem do coração.

991

Quelque part, se tenant debout dans l'escalier, le fils fait une chanson qui parle d'espace. Le son est désolé. Il parle de dépenser. Il est bientôt localisé par une façon de trier les mots placés debout.

Em algum lugar, de pé nas escadas, o filho está cantando uma música sobre o espaço. O som é desolador. Ele fala em gastos. Ele logo é localizado por uma forma de classificar as palavras colocadas na vertical.

992

Une histoire étrange commence par une étoile qu'il regarde comme une étape, l'estomac en lutte, coincé dans l'étrange. Un magasin dans la rue, et un bâton droit, fort, arrête tout le monde. C'est un état qui reste à venir encore, mais qui se trouvait jadis

Uma história estranha começa com uma estrela que ele olha como um palco, seu estômago lutando, preso no estranho. Uma loja na rua, e um pau reto e forte, para toda a gente. É um Estado que ainda está por vir, mas que já foi

993

Un étudiant étudie un truc stupide, tel que sucer quelque chose de doux. Soudain il suppose que c'est l'été, avec le soleil bien sûr. Il suggère la surprise à ceux qui l'entoure

Um aluno está estudando uma coisa estúpida, como chupar algo doce. De repente, ele assume que é verão, com o sol, claro. Sugere surpresa aos que o rodeiam

---

Dire qu'avec dix dents, il n'a pas versé une larme. Sur une table, il s'est mis à parler comme un grand professeur. Dites-moi, Il faut prendre une équipe, merci,

Pensar que, com dez dentes, não derramou uma lágrima. Sobre uma mesa, começou a falar como um grande professor. Diga-me, Temos que levar uma equipe, obrigado,

---

Eux-mêmes pensent que les dés étaient jetés et que cette chose épaisse arrivait troisième. Mais alors qui alors était le second ? Cependant le premier était inconnu. Il jeta le trois et pensa fort

Eles mesmos pensam que o dado foi lançado e que essa coisa grossa veio em terceiro lugar. Mas então quem foi o segundo? No entanto, o primeiro era desconhecido. Ele jogou os três e pensou alto

---

La gorge serrée, il lança sa cravate minuscule à travers le temps et dit à demain. Mais aujourd'hui le pneu aussi changea. Ensemble, ce soir la langue se mis à pendre sur un ton peu orthodoxe. C'est trop.

Com a garganta apertada, ele jogou sua gravata minúscula através do tempo e disse até amanhã. Mas hoje o pneu também mudou. Juntos, esta noite, a língua começou a pender num tom pouco ortodoxo. É demais.

La piste du lecteur passait à la télé. Des éléphants sur une piste se dirigeait vers la ville, voyage de vérité ou de confiance. Ils cherchaient des arbres pour essayer de tourner l'ennui en dérision, mais du haut de leur train arrière, ils étaient totalement muets, se touchaient, pris du haut de leurs têtes vers leurs rêves mais inquiets

O rastro do leitor estava na TV. Elefantes em uma trilha estavam indo para a cidade, uma jornada de verdade ou confiança. Eles estavam procurando árvores para tentar tirar sarro do tédio, mas do alto de seus quartos traseiros, eles estavam totalmente mudos, se tocando, pegos do alto de suas cabeças em direção aos seus sonhos, mas preocupados

En haut, mon oncle avec un type, tous deux utilisaient une voix très forte pour se faire comprendre. Par vingt degrés sous zéro, ils utilisaient habituellement leur droit de visite sur nous, jusqu'à ce que cela devienne habituel. Ils nous prenaient de haut et se faisaient comprendre.

No andar de cima, meu tio com um cara, ambos usavam uma voz muito alta para se fazerem entender. Em vinte graus abaixo de zero, eles costumavam usar seus direitos de visitação sobre nós, até que se tornou habitual. Desprezaram-nos e fizeram-se entender.

Il nous regardait d'un air bizarre et attendait que l'on se réveille avec un air vague. Nous avions chaud mais de cette façon, l'eau nous aidait à marcher entre chaque mur, mais on voulait la porter en vague comme chaque semaine

Ele nos olhou estranhamente e esperou que acordássemos com um olhar vago. Estávamos quentes, mas desta forma, a água ajudou-nos a caminhar entre cada parede, mas queríamos carregá-la em ondas como todas as semanas

Pourquoi une femme dont la volonté est entière aurait pu souhaiter que le vent entre par la fenêtre. Dans le blanc qui semble essuyer un large foulard, on fait avec. Qui va avec ?

Por que poderia uma mulher cuja vontade é completa ter desejado que o vento entrasse pela janela? No branco que parece limpar um lenço grande, nós fazemos. Quem vai com ele?

Le pire est l'inquiétude d'une femme éveillée qui, portée par le monde merveilleux, ne trouve que des mots pires que le bois qu'elle ne fera pas. Sans rancune.

O pior é a ansiedade de uma mulher acordada que, carregada pelo mundo maravilhoso, só encontra palavras piores do que a madeira que não fará. Sem ressentimentos.

1002

Eh bien peu importe où elle est allée, elle murmure dans les draps mouillés qui, quoi, où et quand. Tandis qu'ils écoutaient cela, ils disaient si ceci ou si cela et c'était bien. Ils étaient bien.

Bem, não importa para onde ela foi, ela sussurra nos lençóis molhados quem, o quê, onde e quando. Enquanto ouviam isto, diziam se isto ou aquilo era bom. Eles eram bons.

1003

Oui, pourtant vous êtes jeunes et vous pourriez crier ou écrire vous-même ouah! Cela ne vous mettrait pas en faux et ne vous envelopperait pas d'erreur. Cela vaudrait pour une année, la vôtre. Eh oui !

Sim, mas você é jovem e você poderia gritar ou escrever-se uau! Não o colocaria em erro ou o envolveria em erro. Isso seria por um ano, o seu. Sim!

1004

Au revoir, le travail est terminé, il faut se résoudre à finir la série des mille fiches

Adeus, o trabalho está feito, temos de resolver terminar a série de mil cartas

1005

© 2025 Jean- Louis Penin
REPRODUCTION INTERDITE
Édition : BoD · Books on Demand,
31 avenue Saint-Rémy, 57600 Forbach,
bod@bod.fr
Impression : Libri Plureos GmbH,
Friedensallee 273, 22763 Hamburg
(Allemagne)
ISBN : 978-2-3225-5118-7
Dépôt légal : Mars 2025